K.L.A.R.

W0220660

Ich will so sexy sein wie ihr!

Anna Siebenstein

Verlag an der Ruhr

K.
L.
A.
R.

Kurz – **L**eicht – **A**ktuell – **R**eal

Impressum

Titel **Ich will so sexy sein wie ihr!**

Autor Anna Siebenstein

Covermotiv © Franz Pfluegl – Fotolia.com
Druck CS-Druck CornelsenStürtz GmbH, Berlin
Verlag Verlag an der Ruhr
Alexanderstr. 54 – 45472 Mülheim an der Ruhr
Postfach 102251 – 45422 Mülheim an der Ruhr
Tel. 02 08/439 54 50 – Fax 0208/439 54 239

© Verlag an der Ruhr 2009

ISBN 978-3-8346-0527-6

geeignet für die Klasse 6 | **7 | 8 | 9 | 10**

Die Schreibweise der Texte folgt der neuesten Fassung der Rechtschreibregeln – gültig seit August 2006.

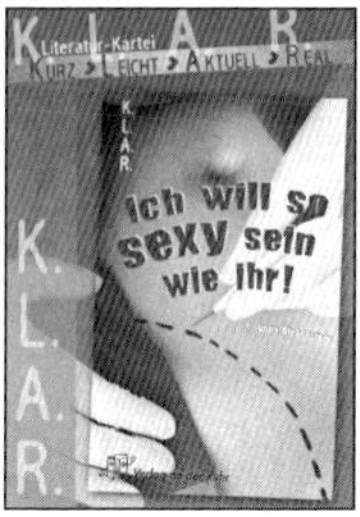

Begleitendes Unterrichtsmaterial:

K.L.A.R. – Literatur-Kartei:
„Ich will so sexy sein wie ihr!"
Anna Siebenstein, Evelyn Wagenblast
Kl. 7–10, 66 S., A4, Papph.
ISBN 978-3-8346-0528-3
Best.-Nr. 60528

Über die Autorin

Ich heiße Anna Siebenstein und bin 1978 geboren worden. Ich habe Bücher immer schon geliebt. Und ich kann gar nicht zählen, wie viele Bücher ich in meinem Leben schon gelesen habe. Jetzt mache ich selber welche: Ich arbeite nämlich in einem Verlag. Aber das Buch, das du gerade in der Hand hältst, ist das erste, das ich selbst geschrieben habe. Wie du sehen wirst, geht es darin um Schönheit. Ein Thema, über das ich – vor allem, als ich in deinem Alter war – viel nachgedacht habe. Wie wichtig ist Schönheit?, habe ich mich gefragt. Und: Was ist das überhaupt, Schönheit?
Mit dem Buch habe ich versucht, den Antworten auf die Schliche zu kommen. Ich hoffe, du findest deine eigenen Antworten.

Viel Spaß beim Lesen wünscht
Anna Siebenstein

1

„Ach übrigens!“ Nadine war schon fast aus dem Klassenzimmer, als sie sich noch einmal zu Mia umdrehte und ihre braunen Locken zurückwarf. Die anderen, hinter ihr, blieben ebenfalls stehen und schauten Mia an. Sie schienen gespannt auf etwas zu warten.
„Wir sind dann heute wieder im Freibad“, sagte Nadine.
Es war ja klar, dass das kommen würde.
Mia spürte einen Stich in der Magengegend.
Sie überlegte fieberhaft, was sie sagen sollte. Aber Nadine kam ihr zuvor:
„Bist du heute dabei? Ich meine, du Arme, die ganze Zeit konntest du nicht gehen! – Oder hast du etwa noch keine Bikini-Figur?“
Sie kaute auf ihrem Kaugummi herum und grinste breit.
„Wir würden uns jedenfalls freuen“, fuhr sie fort, „nicht wahr, Mädels?“
„Klar!“, rief Kerstin.
„Ist doch viel lustiger dann“, meinte Eva.
Mia zog die Achseln hoch. „Sorry, Nadine“, sagte sie. „Mein Dad kriegt es gerade nicht

so gebacken mit dem Haushalt. Ich bin mit ihm zum Großeinkauf verabredet."
„Du bist mit deinem Daddy zum Großeinkauf verabredet?" Das klang spöttisch.
„Ja, leider – aber vielleicht könnten wir die Woche mal wieder zusammen ins Kino gehen? Ich hab gelesen, im Metropol ..."
„Ins Kino, bei dem Wetter?" Nadine schob ihren Rucksack, der ihr halb von den Schultern gerutscht war, zurück. „Never", sagte sie. „Aber viel Spaß dir, und grüß deinen Dad!"
Die anderen sagten immer noch nichts.
Sie zogen grußlos ab, und Mia hörte sie im Flur kichern.
Von hinten legte ihr Steffi eine Hand auf die Schulter.
„Hey, Mia", sagte sie. „Lass dich nicht ärgern!"
Aber sie schüttelte sie wütend ab.
Ihr standen die Tränen in den Augen.
Die wussten doch genau, was für ein Krampf das für sie war, ins Freibad zu gehen.
Mit ihrer Figur! Warum waren sie in letzter Zeit so mies zu ihr?

Die Freundschaft mit Nadine und den anderen war Mia ziemlich wichtig. Die Mädels waren mit Abstand die coolste Clique an der Schule, und Mia hatte sich immer gewünscht, dazuzugehören: Sie waren immer top gestylt, trendy gekleidet und auf jeder angesagten Party anzutreffen. Allen Jungs an der Schule hatten sie den Kopf verdreht! Und sie waren die, die entschieden, wer gerade hip war und wer nicht. Wenn sie jemanden nicht leiden konnten, hatte der so ziemlich die Arschkarte gezogen!
So war es zum Beispiel mit Steffi: Seit Nadine die nicht mehr abhaben konnte, redete kaum jemand mit ihr. Mia wusste bis heute nicht, was da passiert war. Aber Nadine schien Steffi richtig zu hassen.
Mia selbst war für Nadine und die anderen eigentlich immer unsichtbar gewesen.
Bis zur Klassenfahrt nach Berlin, letztes Jahr in der Achten, als Nadine und sie sich auf ganz merkwürdige Weise näher kennengelernt hatten.

Mia war auf den Balkon der Jugendherberge hinausgegangen, um ein bisschen frische Luft zu schnappen. Drinnen wurde geraucht, davon war ihr schlecht geworden. Sie hatte die Türe hinter sich zugezogen, um alleine zu sein.
Aber das war sie nicht: Da draußen hockte jemand, an die Wand gelehnt, das Gesicht zwischen den Händen vergraben. Als ihre Augen sich an die Dunkelheit gewöhnt hatten, erkannte Mia, dass das nur Nadine sein konnte. Der Riesenlockenkopf, ganz klar. Nadines Schultern bebten, und erschrocken merkte Mia, dass sie weinte.
„Hey", sagte sie vorsichtig. „Nadine?"
Keine Antwort. Nur ein leises Schluchzen.
Mia hockte sich hin. „Nadine? – Was ist los mit dir?"
Sie war unsicher. Sollte sie reingehen und eine von Nadines Freundinnen holen?
Aber Nadine hob den Kopf.
„Mia, hi – was machst du denn hier?"
Ihre Stimme zitterte.
Mia hatte Nadine immer nur strahlend erlebt. Sie wusste nicht, wie sie sich verhalten sollte.

„Ich wollte ein bisschen frische Luft schnappen", sagte sie. „Aber ich kann gern wieder reingehen, wenn du allein sein möchtest. Oder jemand von den anderen rufen."
Sie stand auf.
„Nein", sagte Nadine, „bleib hier, ja? Kann ich mit dir reden?"
Mia war jetzt vollkommen baff. Nadine fragte sie, ob sie mit ihr reden durfte?
„Klar", flüsterte sie nur.
Nadine holte tief Luft. Ihre Schultern bebten jetzt nicht mehr so.
„Sag mal", fragte sie dann plötzlich, „deine Mutter ist doch abgehauen, vor ein paar Monaten, oder?"

Es war damals ungefähr ein Jahr her, dass Mias Mutter von einem Tag auf den anderen die Familie verlassen hatte. Auf dem Esstisch hatte eines Abends ein gelber Briefbogen gelegen. Der Brief war an ihren Vater gerichtet. Und der saß stumm davor, als Mia nach Hause kam. Er saß einfach stumm davor, und in seinen Augen sah Mia etwas, das ihr Angst machte. Eine Mischung aus

Wut, Trauer und Verzweiflung. Und die Frage: „Wie soll es jetzt weitergehen, mit Mia und mir?“

Es war weitergegangen, irgendwie. Mia hatte ein paar Tage in der Schule gefehlt. Und ihr Vater war eine Zeit lang so traurig gewesen, dass sie sich dauernd um ihn kümmern musste. Dabei vergaß sie ihren eigenen Kummer ein wenig.

„Ich fass es nicht“, murmelte er ständig. Nichts anderes. „Ich fass es nicht. Ich versteh es einfach nicht.“ Und sie saßen zusammen und versuchten sich gegenseitig zu trösten.

Dann zogen die Monate ins Land. Und irgendwann tat es nicht mehr so weh. Es war mehr so etwas wie ein dumpfes Pochen, hin und wieder.

„Ja, das stimmt“, sagte Mia jetzt langsam zu Nadine. Ihr war klar, dass es damals in der Schule Gerüchte gab, als sie erst mal eine Zeit lang nicht zum Unterricht kam.

Aber so direkt hatte sie noch keiner darauf angesprochen!

„Warum willst du das wissen?“
„Nur so.“
„Aha.“
Mia wartete ab. Sie wusste nicht, was Nadine von ihr wollte. Sie wusste nur, dass sie hier ganz alleine mit ihr stand. Und dass sie es war, mit der Nadine reden wollte. Sie allein!
„Hast du … ist sie wieder zurückgekommen?“, fragte Nadine.
„Nein.“ Es pochte wieder. Aber es war in Ordnung.
Nadine schwieg jetzt eine Weile. Dann fragte sie leiser als vorher: „Hast du noch Kontakt zu ihr?“
„Hin und wieder. Nicht so oft.“
„Und dein Vater?“
„Nein. Nein, er will nichts mehr mit ihr zu tun haben. Er ist ziemlich sauer.“
„Mia?“, flüsterte Nadine. „Hört es irgendwann auf, wehzutun?“
Mia ging ein Stich durchs Herz. Sie hockte sich wieder hin und legte Nadine eine Hand aufs Knie. „Was ist passiert?“, fragte sie leise.
Und dann hatte Nadine ihr erzählt, dass ihr Vater die Familie sitzen gelassen hatte.

Wegen einer anderen, die viel jünger war. Sie hatte wieder zu weinen begonnen, und Mia hatte sie im Arm gehalten und sie getröstet, bis Herr Hoffmann draußen erschienen war. Er hatte die beiden schon gesucht. Nadine wollte nicht mit ihm reden.
Sie wischte sich im Schutz des Dunkels die Augen ab und räusperte sich.
„Wir haben nur ein bisschen über die doofen Jungs da drin abgelästert", erklärte sie. Dann marschierte sie nach drinnen und ging sofort auf ihr Zimmer. Mia blieb ziemlich nachdenklich zurück. In der Nacht musste sie öfter an ihre Mutter denken als sonst. Aber am nächsten Morgen war sie richtig happy. Als sie in den Frühstücksraum kam, winkte Nadine ihr zu und rief: „Hey, Mia, hierher! Hock dich neben mich!" Kerstin musste dafür extra einen Platz nach links rücken.

So hatte es angefangen. Nadine wollte danach oft mit Mia reden, wenn es ihr wegen ihrer Familie nicht gut ging. Und weil sie jetzt mit Mia befreundet war, waren es die

anderen aus der Clique auch. Wenn Nadine sagte, dass Mia mitkam, dann kam Mia mit! „Mit Kerstin und Eva kann ich einfach nicht so über Familienkram quatschen“, hatte sie gesagt. „Da drin bist du echt spitze!“
Von da an war Mia für Nadine da, wenn es ihr schlecht ging. Und Nadine hatte sich zu Mias „Styling-Beraterin“ gemacht: Make-up, Frisur, Klamotten – das waren alles Sachen gewesen, die Mia nie so wirklich interessiert hatten. Das war eine total neue Welt, die sie entdeckte!

2

Aber jetzt hatte sich alles geändert. Ausgerechnet Nadine steckte hinter der ganzen Geschichte! Sie war es, die die meisten Sprüche klopfte. Sie war es, die jeden Tag wieder fragte, ob sie nicht mitkommen wollte ins Freibad.
„Mia“, fing sie dann immer an. „Wie schaut’s heute aus bei dir?“
Und sie fragte immer erst, wenn sie genug Publikum für ihren Spott hatte. Mia war doch nicht blöd. Das merkte sie doch! Wenn sie zu zweit waren, fragte Nadine sie nie. Aber sobald die anderen aufkreuzten, war es so weit. Und anscheinend freuten sich alle auf das tägliche Ritual.
Natürlich wusste Mia ganz gut, was Sache war: Die lachten sich über ihre Figur tot!
„Das Schlimme ist“, dachte sie, „dass sie Recht haben! Die können ja alle ins Freibad gehen, so viel sie wollen, so schlank und braun gebrannt, wie sie sind!“ Alle anderen in der Clique hatten eine tolle Figur – und das wussten sie natürlich nur zu gut. Sie stolzierten über die Liegewiese wie die Models,

und alle glotzten ihnen nach. Die meisten von ihnen taten auch ziemlich viel dafür. Sie joggten, gingen ins Fitnessstudio und unter die Sonnenbank. Aber Mia hatte sich nie dazu aufraffen können, viel Sport zu machen. Dazu kam, dass sie gar nicht so viel Zeit hatte wie die anderen. Sie musste sich zu Hause um den Haushalt kümmern. Schließlich war ihr Vater den ganzen Tag arbeiten. Wenn sie dann mal frei hatte, hatte sie keine Lust, Sport zu treiben. Das war einfach nicht so ihr Ding. Sie las lieber. Oder ging aus. Sie kam da einfach nicht gegen ihren inneren Schweinehund an.

Früher hatte sie sich aber auch nie so viele Gedanken über ihre Figur gemacht. Klar, sie war nicht die dünnste, das wusste sie auch. War sie nie. Und seit sie zwölf war, hatte sich ihr Körper noch mal ganz schön verändert. „Das ist die Pubertät, Schatz", sagte ihr Vater. „Das ist so, wenn man erwachsen wird. Ganz normal."
Ein bisschen unheimlich war ihr das trotzdem gewesen. Sie hatte sich im Spiegel miss-

trauisch ihren Hintern angesehen. Und ihre Brüste. Alles war gewachsen. Alles war ganz schön groß geworden.
Bis zu diesem Sommer hatte sie damit aber kein allzu großes Problem gehabt. Sie war mit ganz anderen Dingen beschäftigt. Bis es dann losgegangen war: Bis die anderen im Freibad anfingen, sich über sie lustig zu machen.
„Süße", rief Nadine zum Beispiel.
„Holst du uns ein Eis?" Und wenn sie loszog, im Bikini, wurde hinter ihr gekichert ohne Ende.
„Das kann nicht sein", dachte sie zuerst.
„Klar, lästern die gerne ab. Aber doch nicht über mich!"
Dann wurden die Sprüche immer eindeutiger.
„Du solltest vielleicht nicht ganz so viel Eis essen", sagte Eva. Gelächter.
Oder Nadine: „So 'n Bikini ist ja schon 'ne figurbetonte Sache. Manche sind da ja echt mutig."
Als Mia das nächste Mal neue Jeans kaufte, starrte sie sich lange im Spiegel der Umkleidekabine an. Sie merkte, wie ihr ganz heiß wurde. Sie hatten vollkommen Recht!

Sie sollte kein Eis mehr essen. Und wie hatte sie sich mit der Figur in einen Bikini zwängen können? Das war ja megapeinlich! Der Bauch war ja nicht mal das Schlimmste – aber die Oberschenkel und der Hintern!
„Oh Gott“, dachte sie, „wie konnte mir das so egal sein? Wieso hab ich das vorher nie gerafft?“ Sie kaufte keine Jeans. Völlig fertig zog sie sich an und stiefelte nach Hause.
„Hallo Möpschen!“, sagte der Vater am Abend auch noch und kniff sie in die Wange. Er nannte sie manchmal so, seit sie ein Baby war. Aber heute war das zu viel.
„Spinnst du!“, fauchte sie und lief weinend auf ihr Zimmer.

Unsicher und total erschrocken ging Herr Behrens ihr nach. Sie lag auf dem Bett, das Gesicht im Kissen vergraben.
„Was hab ich falsch gemacht, Schatz?“, fragte er und streichelte ihr über den Rücken.
„Möpschen“, presste Mia zwischen zwei Schluchzern hervor.
„Das war doch bloß ein Witz! Das habe ich doch schon so oft gesagt …“

„Das ist ja grad das Schlimme!“
Mia wollte gar nicht weinen, aber jetzt gab es kein Halten mehr. Sie dachte an Nadine, an die anderen. Und an Dennis, der jeden Tag im Freibad war und den sie so gerne sehen wollte. Und sie dachte daran, dass er sie schon im Bikini gesehen hatte! Jetzt war wahrscheinlich alles aus, bevor es angefangen hatte …
Und dann fiel ihr ein, wie Dennis’ Freund Chris mal zu einem Mädchen gesagt hatte: „Pass bloß auf, sonst kommt Greenpeace und rollt dich zurück ins Wasser!“
Zu einem fremden Mädchen hatte er das gesagt, mitten im Freibad! Alle hatten sich totgelacht. Und die war gar nicht so furchtbar dick gewesen! Was würden sie erst über sie sagen? Oh, Gott, was sie wohl schon alles über sie gesagt hatten?
„Mia! Hör doch bitte auf zu weinen“, rief der Vater. „Bitte sag mir doch, was los ist!“
„Was los ist?“ Mia richtete sich auf, und ihre blonden Haare hingen ihr wirr ins Gesicht. „Was los ist? Ich bin *fett*, das ist los! Hast du ja selber ganz richtig gesagt …“
„Aber Schatz“, erwiderte er erleichtert.

„Du bist doch nicht fett! Das bisschen Babyspeck, das wächst sich schon noch aus …“
Darauf warf Mia ihn aus dem Zimmer. Und abends erschien sie nicht zum Abendessen.

Seitdem bekam sie Herzklopfen, wenn es ums Freibad ging. Wenn es regnete, war es okay: Dann hing sie wie früher mit den anderen im Einkaufscenter oder in irgendwelchen Cafés herum. Aber wenn die Sonne schien, musste sie sich jetzt jedes Mal eine Ausrede ausdenken. Dann verbrachte sie den Tag ganz alleine, und die anderen hingen im Freibad herum und lästerten über sie.
Es musste etwas passieren! Nadine sollte sehen, dass es Mia wichtig war, wie sie aussah. Sie sollte sehen, dass Mia genauso toll aussehen konnte wie die anderen – wenn sie es nur wollte! Beine und Po. Welche Übungen halfen, um diese Problemzonen in den Griff zu kriegen? Mia war wild entschlossen, etwas zu ändern.

3

Seit einer Woche regnete es – zum Glück. Die Mädels saßen in der Eisdiele, tranken Cola und redeten über Jungs. Ein bisschen, als ob nie etwas gewesen wäre. Mia erzählte ihnen nicht, dass sie sich im Fitnessstudio angemeldet hatte. Zum Bauch-Beine-Po-Kurs. Zwei Mal war sie schon dort gewesen. Es war langweilig. Aber danach fühlte man sich besser.

„Bald habt ihr keinen Grund mehr, über mich zu lachen“, dachte sie. Sie stellte sich vor, wie es den anderen eines Tages auffallen würde: dass sie plötzlich richtig sexy aussah. Eine richtig coole Figur hatte. Sie würde es schaffen. Aber eine Weile würde sie sich wohl noch gedulden müssen. So lange durfte es ruhig regnen!

An einem ziemlich grauen Montag Nachmittag hingen sie zusammen im Café rum und blätterten in einer Zeitschrift. Nadine las kichernd ein paar Zeilen aus dem Fortsetzungsroman vor. Darin ging es um ein

total hübsches, aber schüchternes Mädel, das in einen genauso gut aussehenden und natürlich auch total schüchternen Typen verliebt war und nicht wusste, wie sie ihm das sagen sollte.
„Ihre großen, blauen Augen füllten sich mit Tränen, als sie ihn gehen sah“, las Nadine. „Ihr Herz tat weh. Warum war sie jedes Mal so traurig, wenn er abreiste?“
„Boah – sülz!“, rief Kerstin.
„Das geht ja gar nicht!“
„Ist doch schön“, lachte Nadine. „Du hast ja keine Ahnung von Romantik!“
„Ey, wenn das Romantik ist, ist Romantik einfach nur todlangweilig“, sagte Kerstin. „So sind die Leute einfach nicht! Immer sülz, bagger, hier blaue Augen, da roter Mund, und so … das hältst du ja nicht aus!“
Nadine zuckte die Achseln.
„Die Mia fänd das bestimmt total romantisch“, sagte sie. „Dennis, du hast so blaue Augen …“
„Sehr witzig“, sagte Mia und wurde rot.
Es war unter den Freundinnen kein Geheimnis, dass sie auf Dennis stand – aber sie hasste es trotzdem, wenn Nadine das so

herumposaunte. Dennis selbst sollte auf keinen Fall etwas davon wissen!
„Nur mit dem Unterschied, dass der Dennis kein sexy Typ ist“, grinste Eva und warf Mia einen Seitenblick zu. „Voll die Hühnerbrust. Und ein Babyface!“
Mia starrte auf den Tisch und sagte nichts. Sie fand sehr wohl, dass er gut aussah. Aber warum sollte sie das ausgerechnet Eva auf die Nase binden?

„Hier haben wir auch gleich was zum Thema!“, rief Nadine triumphierend, als sie umblätterte. „Einen Test: ‚Wie kommst du bei anderen an?‘ Also los, Mädels!“
Sie holte tief Luft und fragte dann theatralisch in die Runde: „ ‚Frage 1: Wie wichtig ist dir dein Style? a) sehr wichtig, b) es geht so, c) mein Style ist mir egal.‘ Und?“
Sie stimmten geschlossen für a), und Nadine schwang den Stift, den sie in der Hand hielt. Kreuzchen für sie, Kreis für Kerstin, Dreieck für Eva und Stern für Mia.
„Okay! ‚Frage 2: Wie attraktiv findest du dich? a) sehr attraktiv, b) ganz okay, c) nicht

so attraktiv.‘ Ja bitte?“ Sie sah fragend in die Runde.
„Die sind doch scheiße, diese Tests“, protestierte Mia leise. „Die bringen doch nichts!“
„Ja bitte?“, wiederholte Nadine, als ob sie gar nichts gehört hätte. „Diesmal musst du zuerst antworten, Mia! Wir gehen im Uhrzeigersinn rum!“
Die Mädchen sahen sie gespannt an. Irgendwie lauernd. Was sollte sie sagen? Die anderen wussten ja, dass sie zu viele Pfunde auf den Hüften hatte. Das sahen die ja jeden Tag. Wahrscheinlich würden sie sich totlachen, wenn Mia sagte, dass sie sich attraktiv fand.
Also versuchte sie es mit der Wahrheit.
„C“, sagte sie leise. – „Was ist los?“
„C!“ Sie dachte, Nadine hätte sie nicht verstanden.
„C“, äffte Nadine sie nach. „C! Das hab ich schon gehört. Aber wie kannst du nur immer rumlaufen mit so einer Ich-find-mich-selber-hässlich-und-doof-Haltung, hm?“
Kerstin und Eva grinsten. Mia spürte, wie sie einen roten Kopf bekam.

„Ich hab nicht gesagt, dass ich mich hässlich finde. Und ich hab auch nicht gesagt, dass ich mich doof finde“, wehrte sie sich.
„Aber so ähnlich“, sagte Eva. „Bei mir kannst du a) ankreuzen, Naddi!“
„Klar, für mich auch a)“, sagte Kerstin.
Nadine malte mit dem Stift in der Zeitschrift herum. Dann sah sie Mia wieder an.
„Dann musst du uns aber jetzt auch sagen, was du an dir doof findest“, bohrte sie.
„Na ja, ich meine, man findet doch nicht alles an sich toll“, sagte Mia.
„Ich weiß, was es ist“, grinste Kerstin.
Nadine grinste auch.
„Ich sag nur Freibad“, fügte Eva hinzu.
„Ja, Freibad, das denke ich auch!“, grinste Nadine. Mia spürte, wie sie wütend wurde.
„Ihr seid echt scheiße“, sagte sie. Es klang nicht besonders überzeugend. „Findest du jetzt dich oder uns scheiße?“, höhnte Eva.
Mia zählte ihr Geld ab, legte es auf den Tisch und verließ mit rotem Kopf das Café.

Zum Glück wohnte sie nicht weit weg – sie konnte die Tränen gerade noch so lange

zurückhalten, bis sie in ihrem Zimmer war. Ihr Vater sah im Wohnzimmer fern. Er drehte verwundert den Kopf nach ihr, als sie grußlos durch das Wohnzimmer stapfte.
Natürlich stand er eine Minute später vor ihrer Tür. Gut, dass sie abgeschlossen hatte. Sie bekam es bloß nicht hin, so leise zu schluchzen, dass er es nicht hören konnte – auch wenn sie ihr Gesicht ins Kissen presste.
„Mia“, rief er immer wieder. „Mia, verdammt, mach die Tür auf!“
„Lass mich in Ruhe!“
„Dann sag mir wenigstens, was los ist!“
„Nichts ist!“
„Ja klar! Und deshalb weinst du so laut, dass ich's im Wohnzimmer noch hören kann!“
„Dann dreh halt den Fernseher lauter!“
Der Berg von Taschentüchern neben Mias Bett wurde größer. Ihr Vater blieb noch eine ganze Weile draußen stehen, schließlich gab er auf. „Komm runter, wenn du mich brauchst“, rief er. Dann hörte sie seine Schritte auf der Treppe. Das war besser. Das passte einfach besser zu dem Gefühl, ganz allein zu sein.

Vom Schrank starrte sie ihr Stoffelefant an. Als Kind hatte sie ihn total geliebt – wie albern. So ein blödes Stück Stoff mit ein paar Nähten dauernd mit sich herumzuschleppen. Wütend warf sie mit einem Kissen nach ihm, und der Elefant – sie hatte ihn Lulu genannt – kippte mit starrem Blick um.
Später schlich Mia sich in das Schlafzimmer ihres Vaters. Die Türen des Kleiderschranks waren ganz aus Spiegeln gemacht. Eine Weile stand sie davor, drehte sich nach links und nach rechts. In ihren Augen standen wieder Tränen. Schließlich trottete sie zurück in ihr Zimmer, legte sich auf das Bett und starrte an die Decke.
„Denen werd ich's zeigen", dachte sie wütend. Sie würden alle mit ihr befreundet sein wollen. Nadine würde es furchtbar leid tun, dass sie so gemein gewesen war!
Aber besonders überzeugend fand sie den Gedanken nicht. Immerhin würde sie am nächsten Tag wieder zu ihrem Bauch-Beine-Po-Kurs gehen.
Wie das klang. Total bescheuert. Bauch-Beine-Po … Lust hatte sie wirklich nicht. Aber es war wichtig: Es musste sich etwas ändern.

4

Die Frau, die den Kurs leitete, sagte nicht „Bauch-Beine-Po“. Sie sagte: „Bi-Bi-Pi“. Es klang sehr amerikanisch, wenn sie das sagte. Aber Mia fand, dass es so noch uncooler klang.

Die Frau hieß Tina, und sie hatte schwarze Jazzpants und ein enges, knallgelbes Top an. Sie war nicht mehr ganz jung, platzte aber fast vor Energie.

„Mädels“, rief Tina, „kurzes Warm-up vor dem Workout, alles klar? – Füße auseinander, locker auf der Stelle gehen – genauuuu so!“

Tina machte es vor, und die „Mädels“ machten es nach. Es waren viele schlanke Frauen unter ihnen, aber einige waren auch etwas fülliger. Die hatten – wie Mia – nicht so superenge Klamotten an wie die anderen …

Zehn Minuten später lag sie auf dem Rücken, hatte gehorsam die Beine angewinkelt und kam sich vor wie ein Käfer, der umgefallen war. „Doch nicht so“, rief Tina, und ihr wurde wenig später klar, dass sie mit ihr sprach.

„Wie heißt du?“
„Mia.“
„Mia. Doch nicht so! Pass auf …“
Und Tina hockte sich mit ihrem durchtrainierten Körper neben sie, um ihr die Übung vorzumachen.
„Das pack ich keine zwei Wochen“, dachte Mia. „Das geht einfach nicht!“

⌘

Am nächsten Morgen in der Schule hatte sie ziemlich schlechte Laune. Nadine und die anderen zeigten ihr nach ihrem Abgang im Café die kalte Schulter. Weil sie hinter ihr saßen, fühlte sich Mia ständig beobachtet und kam sich noch alberner vor.
Als es endlich zur Pause klingelte, war das auch keine Erlösung: Was sollte sie die nächsten zehn Minuten machen?
„Mia“, rief Steffi, als sie alleine Richtung Pausenhof trottete. Sie ging nur, weil es nicht erlaubt war, im Klassenzimmer zu bleiben: Am liebsten wäre sie dort alleine gewesen.
„Was ist?“
„Nichts, ich wollte nur mal hören, wie es dir geht!“ Steffi holte auf und ging neben Mia

her. Die sah aus den Augenwinkeln zu ihr herüber.
Mia hatte Steffi immer schon wunderschön gefunden: die großen, dunklen Augen, die leicht gebräunte Haut und die langen, glatten, braunen Haare … Sie war einfach jemand, den man gerne ansah. Und eigentlich war sie sehr natürlich dabei.
Mia fragte sich mal wieder, was zwischen Steffi und der Clique passiert war. Eine Zeit lang waren Nadine und sie unzertrennlich gewesen. Aber das war vor der Klassenfahrt. Lange davor. Irgendwann hatte es dann ganz plötzlich aufgehört.

Mia hatte sich früher auch ganz gut mit Steffi verstanden. Jetzt redete keiner mehr mit ihr. Es schien Steffi nichts auszumachen. Aber Mia wollte ungern mit ihr gesehen werden. Sie wollte sich ja mit den Mädels wieder versöhnen. Und die würden es nicht gerade toll finden, wenn sie sich mit Steffi unterhielt. Vielleicht war es dann ganz aus.
„Ganz okay“, brummte sie also bloß und ging schneller.

„Ja?“, hakte Steffi nach. „Ehrlich gesagt, wirkst du nicht besonders happy in letzter Zeit!“
„Hab schlecht geschlafen“, murmelte Mia.
„Das ist doch nicht alles!“, rief Steffi und sah sie an. Mia hatte keine Lust, ihrem Blick standzuhalten. Das machte sie heute nur aggressiv.
Dennis kam durch den Flur gepoltert – er hatte bestimmt wieder seine Sonnenbrille vergessen …
„Hi Steffi“, rief er herüber und dann:
„Hi Süße!“ Schon war er weg.
„Tja,“ grinste Steffi. „Das galt wohl dir.
Ne ganz schön rote Birne kriegt der, wenn er dich sieht!“
„Ja, ja, ist klar.“ Mia schluckte.
„Was hast du gesagt?“
„Verarschen kann ich mich selber, hab ich gesagt“, fauchte Mia und ließ Steffi endgültig stehen. Die blickte ihr verständnislos nach, zuckte die Achseln und ging dann langsam weiter.

Als Mia aus dem Schulgebäude kam, stand ihr Vater davor. Total peinlich. „Schatz", rief er so laut, dass alle es hören konnten, und winkte zu ihr herüber.
Sie lief mit rotem Kopf zu ihm hin.
„Hi. Was machst denn du hier?"
„Ich dachte, ich lad meine Frau Tochter mal auf ein Eis ein!"
Das erhoffte Lächeln blieb aus.
„Dad, du raffst wirklich gar nichts", sagte Mia, drehte sich um und ließ ihn stehen. Eis!
Als ob sie nicht schon fett genug wäre!
Süßigkeiten, das war mal klar, waren bis auf Weiteres komplett gestrichen, ebenso wie Chips.

5

Tina, die Fitnesstrainerin, war unermüdlich – und gnadenlos. Mittwochs und freitags hatte sie die Bi-Bi-Pi-Mädels in ihrer Gewalt, und irgendwie fand Mia ihre Power bewundernswert. Mia hatte angefangen, auf ihre Ernährung zu achten, und sie hatte festgestellt, dass sie sich nach den Kursen besser fühlte. Aber was ihre Figur betraf, änderte sich leider nichts.
Gut, vielleicht wurde die Haut ein bisschen straffer. Das war aber auch alles. Sie nahm kein Gramm ab. Zumindest hatte sie nicht das Gefühl.
„Doch nicht so“, war die einzige Art, in der Tina Mia persönlich ansprach. Es war schon frustig.
„Auf den Bauch, Arme nach vorne, kommt schon, Mädels …“
„Nerv“, flüsterte ihre Nachbarin, die auch nicht grad die Sportlichste war, und verdrehte die Augen.
„Aber echt“, stimmte Mia zu. Doch Tina entging nichts. „Ihr zwei da hinten! Vom Quatschen wird euer Bauch auch nicht weniger!“

Als Mia sich auf den Heimweg machte, stand Tina vor der Türe und rauchte eine Zigarette. Mia fasste sich ein Herz.
„Hör mal“, sagte sie, „kann ich dich mal was fragen?“
„Sicher, Süße!“ Die wusste bestimmt immer noch nicht, wie sie hieß!
„Wie lang dauert das denn so? Ich meine …“
„Was?“
„Na ja, bis man ein bisschen abgenommen hat.“
Tina lachte heiser. „Bis die Reiterhosen weg sind?“, fragte sie und musterte Mia schnell von oben bis unten. „Du, bei manchen geht das fix. Bei anderen passiert nicht viel – das liegt nämlich oft auch in den Genen!“
„Und dann macht man den ganzen Sch…, den ganzen Kurs umsonst?“
„Nee, macht man nicht. Weil: Man formt seinen Körper. Alles wird fester und straffer“, sagte Tina und drückte ihre Zigarette aus. „Man hat ein ganz anderes Verhältnis zu seinem Body.“
„Ich nicht“, murmelte Mia.
„Gib dir ein bisschen Zeit, Süße!“

Aber sie hatte keine Zeit. Sie war mehr als ungeduldig. Was, wenn sie diese „Reiterhose“, wie Tina es genannt hatte, gar nicht los wurde? Warum hatte sich da noch immer nichts getan?
Ihre Mutter war jedenfalls auch nie die Schlankeste gewesen …
Abends schlich sie sich immer öfter vor den Spiegel im Schlafzimmer ihres Vaters und starrte hinein. Warum musste ausgerechnet sie so eine beschissene Figur haben? Warum war sie nicht einfach jemand ganz anderes?

„Glaubst du, ich merk nicht, dass du seit drei, vier Wochen nur noch herumhängst wie ein Schluck Wasser in der Kurve?“, fragte ihr Vater sie eines Abends. Sie war mal wieder im Studio gewesen und hatte sich wirklich gut gefühlt danach. Aber nach einem Blick in den Spiegel beim Umziehen, war sie dann völlig frustriert nach Hause gekommen.
Sie hatte sich drei Stücke Gurke und eine zerteilte Tomate auf den Teller geladen und starrte seit einer Weile wortlos darauf.

„Ja und …“, murmelte sie.
„Willst du mir nicht endlich sagen, was mit dir los ist?“
„Wenn du das nicht von alleine merkst. Ich hab's dir schon tausend Mal gesagt!“
„Ach komm schon! Du redest nicht schon wieder davon, dass du dich zu dick findest, oder? Mia! Ich verstehe wirklich nicht, was in dich gefahren ist. Früher hast du dir doch über so was auch keine Gedanken gemacht!“
„Weil ich früher einfach nicht gecheckt hab, dass ich so fett bin!“, rief sie wütend. „Fett, schlicht und einfach. Und das kannst du mir glauben, Dad, fette Leute sind so was von out! Das sieht einfach scheiße aus, damit braucht man sich nicht mal ins Freibad zu wagen!“
„Ach Schätzchen, wenn du wirklich findest, dass du ein paar Pfunde zu viel hast, dann musst du halt noch ein bisschen mehr Sport machen. Dann fühlst du dich gleich viel besser. Ich persönlich finde allerdings, dass ich die schönste Tochter der Welt habe!“
Ihr Blick drohte, ihn zu erdolchen.
„Du checkst es echt nicht, oder? Drei Mal die Woche latsche ich zu dem scheiß

Fitnessstudio. Und ich fühl mich scheiße, schlicht und einfach. Immer noch. Wie ein fetter Käfer!“
Sie stand auf, fegte Gurken und Tomate in den Mülleimer und stapfte hinaus. Ihr Vater blickte ihr sprachlos hinterher.

Mia marschierte die Treppe hinauf und schaltete den Computer an. „Bei anderen passiert nicht viel“, hatte Tina gesagt. Von Genen hatte sie gesprochen. Aber wer sagte, dass sie Recht hatte?
„Fett“, gab Mia in die Suchmaschine ein.
„Bauch, Beine, Po“, fügte sie dazu.
Endlos viele Seiten von Fitnessstudios. Endlos viele Bücher. Etwas ziellos stocherte Mia in den Treffern herum. Aber einen Hinweis darauf, wie lang sie wohl noch trainieren musste, fand sie nicht. Dazwischen stand immer wieder etwas ganz anderes: irgendwelche Anzeigen von Ärzten und Kliniken! Die versprachen viel. „Fett weg in 2 Stunden“ – „Mehr Selbstbewusstsein und ein ganz neues Körpergefühl!“ – „Ihre Traumfigur muss kein Traum bleiben!“ usw.

Halbherzig klickte Mia die eine oder andere Seite an. Fett absaugen? Diese Kliniken waren doch etwas für verwöhnte Hausfrauen mit reichen Männern! Für Normalsterbliche wie sie nicht zu bezahlen. Eine Operation. So ein Blödsinn. Das war doch auch total gefährlich – oder nicht?
„Es war ganz einfach und ging total schnell", behaupteten strahlende Frauen auf den Webseiten der Kliniken. Ob man denen glauben konnte? Bestimmt nicht. Die kriegten doch Geld dafür, dass sie hier im Internet herumgrinsten und behaupteten, sie würden es sofort wieder tun! Mia fuhr den Computer herunter, legte sich auf das Bett und schaute sich irgendeine Komödie voller schöner Menschen an.
Aber bevor sie einschlief, dachte sie noch einmal über das nach, was sie gelesen hatte. Sie würde sich doch niemals freiwillig unters Messer legen! Andererseits – ohne weitere Quälerei im Bauch-Beine-Po-Kurs, praktisch von einem Tag auf den anderen, endlich die „Reiterhosen" los zu sein, das wär schon was …

Ihr fiel eine Dokumentation über Sarah Winkler ein, die sie mal gesehen hatte.
Mia hatte Sarah immer ziemlich lässig gefunden: Sie hatte eine Talkshow auf „Young, alive & kicking", Mias Lieblingssender. Sie war gar nicht viel älter als sie selbst und sah verdammt gut aus. Hatte eine total coole Art, mit ihren Gästen umzugehen. Wickelte sie um den Finger und haute ihnen dann ganz plötzlich irgendwelche heftigen Fakten um die Ohren, zu denen sie sich äußern mussten. Die waren dann immer erst mal ganz baff – und Mia hatte noch nie jemanden gesehen, der Sarah das Wasser reichen konnte.
Sarah hatte sich vor laufender Kamera die Nase korrigieren lassen. Sie hatte da so einen Höcker, der Mia nie aufgefallen war – erst, als die Kamera vor der OP direkt darauf zoomte, hatte sie gedacht: „Stimmt! Krass! Da hätt ich aber auch keinen Bock drauf!"
Es war schon ein bisschen gruselig gewesen, das Ganze. Aber als Sarah in einer der folgenden Sendungen ihre neue Nase mit dem Kommentar „Geil, oder?" präsentierte, fand das Mia schon ziemlich beeindruckend.

„Ist doch total cool, dass so was heute drin ist!“, hatte Sarah noch hinzugefügt. „Warum dann nicht auch machen, wenn man sich danach saugut fühlt!?“
Mia beschloss, sich mit dem Thema Schönheits-Operationen mal näher zu befassen. Einfach so, nur mal gucken.

„Ich hab dich gestern vorm Fitnessstudio gesehen“, sagte Steffi am nächsten Morgen. Sie hatte Mia auf dem Weg zur Schule eingeholt. „Warst aber so schnell weg, ich hab dich noch gerufen.“
Zum Glück war keiner um sie herum, der zuhören konnte – Mia wollte, dass das Training ein Geheimnis blieb. Bis sie Erfolg hatte. Und wenn sie keinen Erfolg hatte, dann erst recht.
„Musste ja nicht gleich jedem auf die Nase binden!“, knurrte sie.
„Wieso denn? Ist doch cool! Sport ist doch ’ne super Sache.“
„Hm.“
„Was machst du denn da genau?“
„Na ja, alles halt …“

„Alles? Du bist ja fleißig!“ Steffi lachte. „Ich hab in dem Studio mal ’nen Aerobic-Kurs gemacht. Hat echt Spaß gemacht. Vielleicht komm ich noch mal mit, irgendwann …“
Sie grinste. „Kennste Sven? Den blonden Fitnesstrainer?“
„So ’n großer? Der allen weiblichen Wesen da den Kopf verdreht?“
Er hatte öfter mal im Bauch-Beine-Po-Kurs vorbeigeschaut und aufmunternde Kommentare abgegeben. Alle Damen über dreißig waren daraufhin noch röter geworden als vorher.
„Genau der!“ Steffi lachte.
„Ich glaub, die Tina ist auch in den verschossen. Wenn er kommt, wird die gleich noch viel aktiver.“
„Tina?“ Steffi schaute sie fragend an, aber Mia sagte nichts mehr. Jetzt hätte sie sich fast verraten … Das heißt – so, wie es aussah, hatte sie das schon.
„Ich glaub, ich weiß, wen du meinst!“, rief Steffi. „Die gibt die Bauch-Beine-Po-Kurse, oder?“
Mia wurde rot und biss sich auf die Lippen. Sie schwieg. Steffi schaute sie eine Weile

von der Seite an. Schließlich sagte sie: „Solange du den Kurs nicht nur wegen Naddi und den anderen machst …“

„Quatsch.“

Steffi nickte und sagte nichts mehr. Aber bevor sie die Schule betraten, drehte sie sich noch einmal um.

„Ich find deine Figur voll okay“, sagte sie. „Aber wenn der Kurs dir hilft, ist ja alles wunderbar.“

„Das ist es ja gerade“, entfuhr es Mia. „Er hilft überhaupt nicht! Kein bisschen!“ Und bevor sie sich auf die Zunge beißen konnte, hatte sie schon hinzugefügt: „Ich hab sogar schon überlegt, ob ich so ’ne OP machen lassen soll.“

„Was?“, rief Steffi. „Bist du bescheuert?“

Mia starrte sie erstaunt an. So laut war Steffi noch nie geworden, seit sie sie kannte. Richtig heftig!

„Na und?“, fragte sie erstaunt zurück. „Hab ja nur drüber nachgedacht! Und überhaupt – was geht’s dich an?“

„Wenn du das machst, red ich nie wieder ein Wort mit dir!“ Steffi war wirklich auf hundertachtzig.

Mia verkniff sich die Bemerkung, dass ihr ganz egal war, ob Steffi mit ihr redete oder nicht. Sie war schließlich nicht Naddi.
Eine Weile gingen die beiden schweigend nebeneinander her.
„Wehe, du sagst es jemandem“, zischte Mia noch, bevor sie das Schulgebäude betraten. „Außerdem war das nur ein Spruch. Hab eh keine Kohle für so ’nen Scheiß!“
Sie musste vorsichtig sein. Sie hatte keinen Bock, dass Nadine und die anderen Mädels davon erfuhren.

6

„Sag mal“, fragte Mia ganz beiläufig Tina, als sie alleine in der Umkleide waren. „Was hältst denn du eigentlich von Schönheitsoperationen?“

Tina sah sie an. „Süße, immer noch mit den Reiterhosen beschäftigt?“

„Sonst wär ich wohl kaum hier, oder?“

Tina zuckte die Achseln. „Könnte ja auch sein, dass du einfach Sport machen willst. Na ja, wenn nichts anderes hilft, ist so ’ne OP nicht verkehrt. Ersetzt halt den Sport nicht. Wenn du weiter ein gutes Body-Feeling haben willst, musst du auch weiter trainieren.“

„Findest du nicht verkehrt?“, hakte Mia nach.

„Nö. Meine Freundin hat sich auch Fett absaugen lassen. Die hat sich vorher einen abgerödelt hier! Aber ich sag immer – Leute, wenn ihr keinen Bock auf Sport habt, von der Figur mal ganz abgesehen, dann braucht ihr hier gar nicht erst aufzukreuzen, das ist doch …“

„Und wie geht’s deiner Freundin jetzt?“, unterbrach Mia sie ungeduldig.

„Na, prima geht’s der. Die ist voll happy. Aber ich verrat dir ein Geheimnis: Die ist

immer noch so unsportlich wie ein Plüschpantoffel im Schuhkarton."
Mia sagte nichts. Sie kaute auf der Unterlippe herum und dachte nach.

Am Abend saß sie wieder vor dem Computer. Das Ganze ging ihr nicht mehr aus dem Kopf. „Schönheitsoperationen" gab sie in die Suchmaschine ein. „Fett absaugen, Preise."
Und da versprach schon der zweite oder dritte Treffer: „Fett absaugen schon ab 400 Euro!"
400 Euro nur? Ihr Herz schlug schneller. Von ihrer Tante hatte sie zur Konfirmation 500 Euro geschenkt bekommen. Die sollte sie später in ein Auto investieren. Im Moment lag das Geld auf einem Festgeldkonto. Aber irgendwie könnte sie sicherlich daran kommen. Vielleicht müsste sie die eine oder andere Unterschrift fälschen. Sie grinste. Aber ihr Vater wollte schließlich, dass sie wieder glücklich war! So konnte er ein bisschen dazu beitragen, ohne es zu wissen …
Sie sah sich die Seite genauer an. Lächelnde Ärzte, strahlende Krankenschwestern. Alles

sah weiß und gepflegt aus auf den Bildern. „Wir sorgen für Ihr Wohlbefinden!“, versprachen die freundlich blickenden Menschen auf den Fotos.
Schnell kam sie auch dem Geheimnis des niedrigen Preises auf die Spur: Die Klinik war in Tschechien, nur wenige Kilometer entfernt von der deutschen Grenze! Chomutov hieß der Ort. Und 80 % der Patienten kamen aus Deutschland, stand in dem Werbetext.
Sie sah sich die Lage genauer an. Mensch, das war gar nicht weit von Marienberg, wo ihr Patenonkel lebte!
Onkel Willi war schon ziemlich alt und ein bisschen sonderbar. Genauer gesagt, war er vor einigen Jahren, als sie ihn das letzte Mal gesehen hatte, alt und sonderbar gewesen. Aber er würde sich bestimmt freuen, wenn sie ihn besuchen kam! Dann musste ihr Vater von der ganzen Aktion gar nichts erfahren. Eine Nacht, so spann sie weiter, könnte sie bei Onkel Willi bleiben. Die zweite Nacht musste sie in der Klinik übernachten. Da würde sie ihrem Vater schon was vormachen können. Der hatte mit Onkel Willi sowieso nichts zu tun. Er würde sich bestimmt nicht

mit ihm kurzschließen. Willi war früher ein guter Freund ihrer Mutter gewesen, und ihr Vater mochte die Freunde ihrer Mutter nicht mehr. Noch drei Wochen waren es bis zu den Sommerferien. Der Plan schien perfekt. Sie spürte, wie ihre Wangen sich röteten. So wirklich glaubte sie noch nicht daran, dass es möglich war. Sie brauchte einen Termin. Sie musste mit der Bank alles abchecken. Und dann war da noch Onkel Willi. Aber vielleicht … Es gab eine Chance. Es konnte klappen.

Plötzlich steckte ihr Vater den Kopf zur Tür hinein. Sie hatte ihn gar nicht kommen hören! „Schatz, kommst du essen?“, fragte er. „Klar“, rief sie und sprang auf, um den Bildschirm zu verdecken. „Einen Moment, Dad!“ Sobald er weg war, drückte sie die Türe zu und setzte sich wieder an den Schreibtisch. Sie war richtig aufgeregt. Eine Mail musste sie noch schreiben, dann konnte es ihretwegen ruhig Abendessen geben! Eine lächelnde Blondine bot im Feld „Kontakt“ Antworten auf alle ihre Fragen an.

„Sehr geehrte Frau Moravec“, tippte Mia eilig. „Gern würde ich bei Ihnen eine Fettabsaugung machen lassen. Es geht um Beine und Po. Ich kann zwischen dem 3. August und dem 5. September kommen, da habe ich Sommerferien. Können Sie mir einen Termin vorschlagen? Vielen Dank, Mia Behrens!“
Schnell klickte sie auf den Senden-Button. Sie musste ja noch nichts entscheiden, sagte sie sich. Sie wollte ja nur mal wissen, wie es mit einem Termin ausschaute!
Es gab Pommes mit Schnitzel, und sie aß kräftig. „So gefällst du mir viel besser“, grinste ihr Vater, der selbst ein paar Pfund zu viel auf den Rippen und kein Problem damit hatte. „Salat ist was für Kaninchen, oder?“
Sie sagte nichts dazu, aber sie schenkte ihm ein Lächeln mit vollen Wangen. Das erste in den letzten Wochen. Sie hatte plötzlich ziemlich gute Laune.
Mensch, bremste sie sich, noch war doch nichts entschieden. Es würde sich noch herausstellen, ob es nicht doch eine Schnapsidee gewesen war … Vielleicht war es eine. Aber vielleicht auch nicht.

„Die ist voll happy jetzt“, hatte Tina über ihre Freundin gesagt. Mia wollte auch wieder happy sein!

In der nächsten Zeit hielt sie jedes Mal den Atem an, wenn sie in den Posteingang schaute. Zwei Tage später war es endlich so weit. Eine Nachricht von „*Beauty Paradise*, Tereza Moravec!“ Sie klickte auf „Öffnen“ und schloss einen Moment lang die Augen, um sie dann weit aufzureißen. „Sehr geehrte Frau Behrens“, schrieb die Blondine in tadellosem Deutsch, „herzlichen Dank für Ihre Anfrage. Sehr gerne können wir uns in unserem Hause treffen und über eine Operation sprechen. Einige Voruntersuchungen wären hierfür nötig und auch ein Gespräch über die möglichen Komplikationen. Ausführliche Informationen zur OP finden Sie schon einmal im Anhang.
Sie würden insgesamt zwei Tage aufwenden müssen.
Die Kosten lägen, wenn Sie tatsächlich Beine und Po operieren lassen möchten, bei ca. 550 Euro. Als Termin würde ich Ihnen

den 15.–17. oder den 25.–27. August vorschlagen, was halten Sie davon?
Bitte lesen Sie sich vor der Terminbestätigung die anbei gesendeten Informationen genau durch. Mit freundlichen Grüßen, Tereza Moravec.“

550 Euro. Das war mehr, als sie gedacht hatte. Klar, im Grunde waren es gleich zwei Eingriffe. Na ja, sie müsste 50 Euro und das Fahrgeld berappen, mehr nicht. „Das bekomme ich hin“, dachte Mia.
Dann erst fiel ihr Blick auf das P.S. unter der Nachricht, und sie zuckte kurz zusammen: „Liebe Frau Behrens, noch eine Kleinigkeit, da Sie von ‚Sommerferien‘ sprachen:
Wir können leider erst Personen ab 18 Jahren operieren. Das ist eine Vorgabe, an die wir uns strikt halten. Ich hoffe also, dass Sie mindestens 18 Jahre sind. Ansonsten würde ich Sie bitten, sich einfach zum entsprechenden Zeitpunkt noch einmal bei uns zu melden, wenn Sie dann noch unter Figurproblemen leiden.“ Dahinter hatte sie ein Smiley gesetzt. „Sehr witzig“, dachte Mia

sauer. „Liebe Frau Moravec“, schrieb sie zurück, „natürlich bin ich schon 18 Jahre alt. Ihr erster Terminvorschlag passt mir sehr gut. Bitte sagen Sie mir, um wie viel Uhr ich in der Klinik sein soll.“ Mit trotzigem Gesicht klickte sie auf „Senden“.
„Ich kann das Ganze immer noch rückgängig machen“, sagte sie sich.

Der Anhang war ziemlich lang, und die Schrift war winzig klein. „Les ich ein andermal, hab ja noch Zeit“, dachte sie. Sie war sich gar nicht so sicher, ob sie alles wissen wollte, was da drin stand. Aber sie wusste inzwischen sehr genau, was sie wollte: Sie wollte sexy sein. Sie wollte akzeptiert und bewundert werden. Sie wollte sich nicht mehr dauernd fragen, ob sich die anderen gerade wieder über sie lustig machten. Und sie wollte, dass Dennis sich in sie verliebte!
Sie wollte an sich glauben und sich nicht mehr wie ein unförmiges Etwas fühlen.
Jetzt wurde erst mal Onkel Willi angerufen!
Sie brauchte eine ganze Weile, bis sie ein uraltes Adressbuch mit seiner Telefonnum-

mer fand. Dann schlich sie nach unten und schnappte sich das Telefon. Wählen. Warten.
„Ja?“, keuchte eine Stimme nach langem Tuten in den Hörer.
„Onkel Willi? Ich bin’s, Mia!“ – „Wer?“
„Mia! Dein Patenkind!“ – „Was?“
„*Pa – ten – kind!* Dein Patenkind! Ich wollte dich besuchen kommen!“
Es dauerte eine Ewigkeit, bis sie dem offenbar halb tauben Onkel verständlich gemacht hatte, wer sie war. Und noch länger, bis er ihr glaubte, dass sie mittlerweile alt genug war, um alleine Zug zu fahren.
„Wie geht’s Marie?“, keuchte er in den Hörer.
Marie, das war ihre Mutter, und sie hatte keine Ahnung, wie es ihr ging!
„Gut!“, schrie sie trotzdem in den Hörer, weil sie keine Lust hatte, eine weitere halbe Stunde am Telefon zu verbringen.
Am Ende hatte sich Onkel Willi irgendwo aufgeschrieben, wann sie kam. Zumindest sagte er das. Und er freute sich.
„Wahrscheinlich hat er den Anruf in zehn Minuten vergessen“, dachte sie. Mein Gott, war der alt geworden! Aber es würde schon klappen. Irgendwie musste es klappen.

7

„Sag mal“, fragte Steffi sie ein paar Tage später in der Schule. „Was du letztens erzählt hast, von wegen Operation, das hast du nicht ernst gemeint, oder?“ Mia schob die Lippen vor und zuckte die Achseln.
„Weiß nicht“, sagte sie. „Und wenn schon!“
„Und wenn schon?“, fragte Steffi. „Worüber genau hast du eigentlich nachgedacht, Fett absaugen oder so ’nen Quatsch?“
„Hab ich ja gar nicht gesagt!“
Steffi sah ihr in die Augen. „Doch“, sagte sie dann, „irgendwie hast du das schon gesagt.“
Mia schwieg und starrte vor sich hin.
„Reg dich ab. Ist doch keine große Sache.“
„Du weißt schon, was da alles schiefgehen kann, oder?“, hakte Steffi nach. Mia kannte sie sonst nur sehr gelassen, aber das Thema schien sie richtig sauer zu machen.
„Panikmache“, murmelte Mia. „Totale Routinesache ist das.“
„Ja, Routinesache – mit Routinekomplikationen …“, fauchte Steffi.
„So ’n paar Narben halt, im schlimmsten Fall!“, Mia wurde ungeduldig. „Meine Güte.

Die sieht man wenigstens durch die Hose nicht; das ganze Fett schon!“ Steffi schwieg. „Außerdem hab ich doch gar nicht gesagt, dass ich das mache! Und selbst wenn, geht’s dich nichts an!“

„Ich kapier einfach nicht, warum die Leute so einen Scheiß fabrizieren, nur wegen so Zicken wie Nadine. Und wegen den komischen Vorstellungen, die so Zicken haben.“

„Mit deiner Figur hast du gut reden!“, schnauzte Mia. „Was willst du eigentlich von mir?“

„Nichts, vergiss es.“ Steffi schüttelte den Kopf und drehte sich weg.

Mia fiel mal wieder auf, wie alleine sie war. Aber das würde sich hoffentlich bald ändern.

Zu Hause stellte sie fest, dass sie eine Terminbestätigung der Klinik im Posteingang hatte. Leider war das nicht die einzige Mail. Die zweite war von Steffi, die sie anscheinend bekehren wollte.

„Hi Mia“, schrieb sie. „Weil du mir nicht zuhören willst, schreibe ich dir jetzt einfach.

Ich hoffe, dass du dir ein bisschen Zeit nimmst und noch mal über deinen Plan nachdenkst!"
Mia verdrehte die Augen. Was wollte die denn schon wieder? Hatte sie eigentlich keine eigenen Probleme?
„Bist du sicher, dass du weißt, was bei so 'ner OP alles passieren kann?", schrieb Steffi weiter. „Das ist nämlich echt nicht ohne! Narben, hast du gesagt. Das stimmt auch. Und das kann total heftig sein. Aber das ist noch lang nicht alles. Weißt du, dass von 5000 Patienten, die eine Fettabsaugung machen lassen, einer wegen der OP stirbt? Das hat …"
„Leck mich", dachte Mia und löschte die Mail.

In der Bank brauchte sie wirklich eine Genehmigung ihres Vaters, um an das Geld heranzukommen. Das hatten die Eltern damals so bestimmt.
„Sorry", sagte der Bankangestellte.
„Wusste ich nicht", lächelte sie ihn an.
„Dann komm ich morgen wieder, mit dem Brief von meinem Vater!"

„So machen wir’s!“
Der Bankangestellte war nett. Und am nächsten Tag, als sie ihm die gefälschte Erlaubnis vorlegte, zählte er ihr ohne den geringsten Verdacht die Geldscheine in die Hand.
500 Euro! Mia staunte. So viel Geld hatte sie noch nie auf einmal im Geldbeutel gehabt!
„Lange wird es da leider auch nicht sein“, dachte sie. „Aber es ist ja gut angelegt!“
„Ich wünsch Ihnen noch einen tollen Tag“, strahlte sie. Der Mann am Schalter nickte. „Den wünsch ich Ihnen auch!“
„Herzlichen Glückwunsch, Frau Behrens“, gratulierte sie sich selbst, als sie das große graue Bankgebäude hinter sich gelassen hatte. „Das ist ein toller Plan, den Sie da ausgeheckt haben!“
Jetzt musste sie nur noch ihrem Vater die Reise verklickern. Sie wollte ihm vorher auf keinen Fall sagen, warum sie fuhr. Sie hatte keine Ahnung, wie er auf die Sache mit der OP reagieren würde. Hoffentlich würde er ihr den Besuch bei Onkel Willi abnehmen!

„Dad“, sagte sie beim Abendbrot. In der Hosentasche spürte sie die Geldbörse mit den vielen Scheinen darin.
„Hm?“ Ihr Vater konzentrierte sich gerade auf seine Klöße. Das war gut.
„Ich hab mir was überlegt, für die Sommerferien.“
„Ja?“
„Weil ich ja so gar nicht in Urlaub fahr …“
„Ach Schatz, wir fahren ja bald mal wieder! Du weißt doch, dass ich im Moment …“
„Jaja. Kein Problem!“ Sie wusste, was er sagen wollte. Aber sie war ohnehin nicht scharf auf einen Urlaub mit ihrem Vater. Dafür war sie viel zu alt, fand sie.
„Was ich sagen wollte: Ich hab ’nen Brief von Onkel Willi bekommen.“
„Onkel Willi?“ Jetzt hob ihr Vater den Kopf. „Was will *der* denn?“
Nein, er hatte ihn wirklich nie besonders gemocht … Sie grinste. Das kam ihr ganz recht. Was nach der Operation war, musste sie sich noch gut überlegen. Natürlich würde ihr Vater danach sehen, was passiert war. Dann musste sie halt mit der Wahrheit rausrücken. Aber dann hatte sie es geschafft,

und es war letztlich auch egal, wie er reagierte. „Fühlt sich einsam“, murmelte sie. „Würde mich gern mal wieder sehen. Hab gedacht, ich besuch ihn mal.“
Ihr Vater starrte sie kurz an und zuckte dann mit den Schultern. Wieder einmal verstand er seine Tochter nicht. Aber wenn es sie glücklich machte …
„Pfff“, machte er etwas beleidigt. „Wenn du meinst, dass der alte Knochen dich dringender braucht als dein junger, wilder Dad …“ Sie lachte.
„Sei nicht doof! Du arbeitest eh die ganze Zeit! Im Übrigen sind das drei Tage, mehr nicht.“
„Und wie willst du nach Marienberg kommen?“
„Mit dem Zug.“
Er gab auf. „Von mir aus. Wenn du willst, kriegst du das Geld für die Fahrt von mir. Auch wenn ich das nicht kapier.“
„Ist halt mal was anderes“, sagte sie zufrieden. „Komm ich mal raus hier!“
Prima. Das lief wie geschmiert. Irgendwie schien keiner ihre Lügen zu durchschauen.

8

Die letzten zwei Wochen bis zu den Sommerferien vergingen wie im Flug. Mia stellte sich taub, wenn die Mädels in der Schule ihre Späße machten. Irgendwie wurde ihnen nicht langweilig dabei. Wahrscheinlich merkten sie, wie verletzend das für sie war – und genau das machte ihnen Spaß.
Mia wusste das, aber sie schwieg. Auch, weil sie ja eigentlich Recht hatten. Im Gegensatz zu ihnen war sie nun mal fett. Schlicht und einfach fett! So lange sie so aussah, hatte sie ihnen nichts entgegenzusetzen.
„Bald hat es ein Ende“, tröstete sie sich. Nach der OP würde sie sich tausend Mal besser fühlen. Dann konnten sie sich nicht mehr über sie lustig machen. Dann gab es keinen Grund mehr dazu. Ins Fitnessstudio ging sie mittlerweile auch nicht mehr. War eh nur Zeitverschwendung. Sie wartete ungeduldig auf die Ferien.

Den Anhang, den ihr die tschechische Blondine zugemailt hatte, ignorierte sie lange.

Ebenso Steffis Versuche, mit ihr über das Thema zu sprechen. Absolute Routine, sagte sie sich immer wieder. Nichts dabei!
Aber irgendwo in ihr machten sich Bedenken breit. Was wusste sie wirklich darüber, was bei so einer OP passieren konnte?
An einem verregneten Sonntag, dem letzten Wochenende, bevor es losgehen sollte, schlich sie noch einmal zum PC. Mit zusammengekniffenen Augen überflog sie das PDF im Anhang.
„Also“, dachte sie. „Dann wollen wir doch mal schauen, was die gute Frau so mitzuteilen hat.“
Sie war in guter körperlicher Verfassung, keine Frage. Gute Voraussetzungen. Denn dann bildeten sich nach dem Absaugen keine neuen Fettzellen – wunderbar! Was noch? Ein paar Wochen musste sie ein so genanntes „Kompressionsmieder“ tragen – kein Problem! Das hielt die operierten Stellen zusammen. Und es brachte praktisch alles in Form.
Sie würde eine Vollnarkose bekommen, und die OP würde höchstens drei Stunden dauern. Und sie musste einen unterzeich-

neten Vertrag zurückschicken. Das sollte sie dann wohl bald tun. Alles easy …
Aha, eine Anzahlung wollten sie haben. 200 Euro. Auch kein Problem. Mia merkte, wie ihr Herz sich langsam beruhigte.
Die ersten Monate würde das Ganze noch nicht so wirklich schick aussehen, wenn sie das richtig sah. „Das optimale Ergebnis stellt sich nach 3–4 Monaten ein", hieß es. „Von mir aus", dachte Mia. „An einen Sommer ohne Freibad hab ich mich schon gewöhnt."
„Die ersten Tage werden Sie sich nicht so gut bewegen können", las sie weiter.
„Die Schmerzen ähneln einem Muskelkater."
Na, an den hatte sie sich gewöhnt in letzter Zeit! Es würde Blutergüsse und Schwellungen geben, aber alles ging nach spätestens drei Wochen zurück.
Zu Komplikationen stand da nur, dass man im Vorgespräch darüber reden würde. Umso besser. Am liebsten wollte Mia darüber gar nichts hören. Die machten das ja jeden Tag, redete sie sich immer wieder ein. Und es gab so viele Leute, die sich operieren ließen und hinterher happy waren, wie Tinas Freundin.
Mia seufzte und fuhr den PC runter.

„Wär nur schön, wenn ich's schon hinter mir hätte", dachte sie. Irgendwie schien die Zeit viel langsamer zu vergehen, seit sie den Plan gefasst hatte. Missmutig legte sie sich auf ihr Bett und starrte aus dem Dachfenster in den Regen. Irgendwann schlief sie ein.

„So, dann wollen wir mal", lächelte die Blondine auf Mia herab. Sie sah genauso aus wie auf dem Foto. Nichts in ihrem Gesicht bewegte sich, nicht einmal die Augen. Sie hatte noch nicht einmal die Zähne auseinandergekriegt, während sie sprach. Auf einem Tisch neben Mia lagen komische Sachen. Riesige Spritzen und ein großes Messer, das ein bisschen aussah wie das Brotmesser von ihrem Vater.
„Keine Angst! Kann nichts passieren!
Wir machen das jeden Tag!"
Vielleicht sagte Frau Moravec auch gar nichts. Vielleicht kam das aus irgendwelchen Lautsprechern oder so.
Jedenfalls lächelte sie. Mia versuchte, zurückzulächeln.
Warum war sie eigentlich nicht betäubt?

Frau Moravec malte mit einem dicken Stift auf ihr herum.
„Hier“, sagte sie, „und hier und hier und hier. Gott, bist du fett. Aber das macht ja nix …“
Sie grinste.
„Das kriegen wir hin!“
Sie rammte irgendwas in Mias Oberschenkel. Aber Mia merkte nichts.
„Jetzt schwemmen wir erst mal das Fettgewebe auf“, kam es hinter blendend weißen Zähnen hervor.
Mia beugte sich vor und sah, dass ihr Unterkörper aussah wie ein Luftballon.
„Nicht!“, wollte sie schreien, aber sie brachte keinen Ton hervor.
Von links beugte sich plötzlich Sarah Winkler über sie. „Die will mir Fragen stellen“, dachte Mia. Aber Sarah guckte nur und sagte:
„Geil.“
Die Moravec kam jetzt mit einer riesigen Kanüle. Einem richtigen Rohr. So was hatte Mia im Netz gesehen.
„Stillhalten“, rief die Ärztin.
Zack, war die Kanüle in ihrem Oberschenkel.
Dann hörte sie ein schlürfendes Geräusch.
Es fiel ihr schwer, den Kopf noch mal zu

heben. Als sie es tat, sah sie, wie ihr Unterkörper immer kleiner und kleiner wurde – wie ein Luftballon, aus dem man die Luft herausließ. Viel zu klein …
„Nein“, wollte sie schreien, „nein, nein …“ Aber sie konnte nicht.
Als sie sah, wie Oberschenkel und Hüfte dalagen wie ein leerer, schlapper Ballon, wachte sie auf. Sie hatte wie verrückt geschwitzt.
„Alles nur ein Traum“, versuchte sie sich zu beruhigen. „Alles nur ein Traum …“
Aber ihr Herz raste. Wollte sie wirklich, dass jemand all diese Dinge mit ihr machte, während sie dalag und schlief und sich nicht wehren konnte?
Erst am nächsten Morgen konnte sie über ihre nächtliche Panik-Attacke grinsen. Dass sie sich so ins Hemd gemacht hatte, wegen einer blöden Routine-OP! Anscheinend hatte sie Frau Moravecs Informationen etwas zu genau gelesen.

9

Dann kam der letzte Schultag. Auf dem Weg zur Schule liefen Steffi und Dennis vor ihr. Zusammen. Sie schienen sich super zu unterhalten. „Na toll“, dachte Mia, „was soll denn das jetzt?“ Wahrscheinlich erzählte Steffi ihm gerade von der OP – jedenfalls lachten die beiden laut. Nein, wahrscheinlich war sie ihnen scheißegal – bestimmt lief was zwischen den beiden und sie hatten …

„Mia“, unterbrach Dennis ihre Gedanken. Er hatte sich umgedreht und sie entdeckt, und jetzt winkte er ihr zu.

„Na los, komm schon“, grinste er, als sie mürrisch angeschlendert kam. „Bisschen schneller, die Dame!“

„Was ist?“

„Nix – wenn du lieber allein gehen willst, können wir auch rennen!“

Steffi und er lachten wieder. Na, die zwei verstanden sich ja blendend!

„Macht das doch“, zischte Mia, aber die beiden taten, als hätten sie sie nicht gehört.

„Und, was hast du so vor, in den Ferien?“, fragte Dennis sie.

Mann, er sah einfach so süß aus! Wie immer, wenn sie ihn sah, tat Mia der Magen weh. Das machte sie besonders zickig. Wahrscheinlich war sie echt nicht nett zu ihm. Aber was sollte sie machen …
„Nix Besonderes“, murmelte sie. Steffi sah sie scharf an, sagte aber nichts.
„Lust, mal mit mir ins Kino zu gehen?“, fragte Dennis.
Mia starrte ihn an. Dann Steffi, die plötzlich betont desinteressiert in eine andere Richtung blickte.
„Alles klar“, dachte Mia. „Das wird jetzt das ‚Wir-retten-die-arme-Mia-vor-der-bösen-OP-Programm‘, oder?“
Steffi hatte ihm bestimmt alles erzählt. Und jetzt tat sie ihm leid. Das war das Letzte, was sie wollte. Jetzt kam er sich wahrscheinlich vor wie ein edler Ritter. Die hatten es ihm schon im Deutschunterricht angetan, die edlen Ritter!
Sie schnaubte durch die Nase.
„Lass mal“, zischte sie.
Wenn er nicht ausgerechnet mit Steffi unterwegs gewesen wäre, hätte sie vielleicht sogar geglaubt, dass er mit ihr weggehen

wollte! Dann hätte sie vielleicht ja gesagt – wenn sie nicht zu viel Schiss gehabt hätte … Wie gut, dass sie die Sache durchschaute. Sie war vielleicht fett – aber blöd war sie nicht!
Als sie die Schule betraten, motzte sie Steffi an: „Lass mich endlich in Ruhe, Frau Heilsarmee. Kümmer dich um deinen eigenen Scheiß!"
„Du spinnst ja", sagte Steffi. „Du bist ja echt total bescheuert!"
„Leck mich doch", raunzte Mia. Dann rannte sie die Treppe hoch. Das war das letzte Wort, das sie vor ihrer Tschechienreise mit Steffi sprach.
Auch mit den anderen redete sie nicht.
Die redeten auch nicht mit ihr. Sie ging nach Hause, ohne jemandem „schöne Ferien" gewünscht zu haben; und gehört hatte sie es auch nicht. Und von ihrem Geheimnis wusste keiner. Absolut keiner.

Zwei Tage noch! Was die Reise anging, war alles so weit geregelt. Drei Stunden Zugfahrt nach Marienberg, einmal umsteigen. Vom

Bahnhof aus musste sie mit dem Taxi zu Onkel Willi fahren. Der traute sich offenbar nicht mehr ins Auto. Da würde sie dann die erste Nacht verbringen. Das war bestimmt echt schräg, mit so ’nem ollen Onkel, mit dem sie überhaupt nichts am Hut hatte …
Aber irgendwie würden sie den Abend schon rumbekommen. Ihr Vater hatte einen Whiskey als Mitbringsel gekauft. Da war Onkel Willi immer ein großer Fan von gewesen, meinte er. Vielleicht würde Willi sich einfach betrinken, und sie bräuchte nicht viel zu quatschen. Oder sie schauten einen Film. Irgendwas würde ihr schon einfallen.
Am nächsten Morgen ging’s dann zur Klinik. Mit dem Bus. Vormittags das Gespräch, nachmittags die Operation. Da würde sie dann die zweite Nacht pennen, und am nächsten Tag konnte sie wieder nach Hause fahren. Dann war alles vorbei.

Und dann war es so weit.
Tatsächlich trank Onkel Willi Whiskey und zwar viel und schnell. Sie saßen in seinem Wohnzimmer, das komplett in

Jägergrün eingerichtet war, und schrien sich an, weil er übelst schwerhörig war. Dazu aßen sie eine dünne Suppe, die Onkel Willi aufgewärmt hatte.

„Und was machst du jetzt?"

„Ich geh noch zur Schule, Onkel!"

„Was du jetzt machst, habe ich gefragt!"

„Ja – ich geh noch zur Schule …"

„Zur Schule! Dann hast du gerade Ferien?"

Das war wirklich anstrengend. Sein ganzes Haus war dreckig und roch komisch, und wenn er den Kopf bewegte, fielen Schuppen auf seine Schultern.

„Was mach ich eigentlich hier?", dachte Mia. Sie griff schnell nach dem Bier, das ihr der Onkel vorgesetzt hatte. Am besten spülte sie gleich alles runter. Irgendwann wurde es besser. Sie fühlt sich leicht und ein bisschen schwindlig im Kopf. Und plötzlich hörte sie sich selbst wie durch Watte sagen: „Onkel Willi, morgen hab ich eine Operation!"

Warum sagte sie das?

„Was?"

„Eine Operation! Ich lass mir Fett absaugen!"

Wahrscheinlich sagte sie es, weil sie eine winzige Hoffnung hatte, dass er sie davon

abhalten würde. Er war doch erwachsen, vielleicht wüsste er, warum sie es vielleicht besser nicht tun sollte! Vielleicht hatte sie zu wenig darüber nachgedacht, vielleicht konnte er … was denn eigentlich?
In ihrem Kopf drehte sich alles.
„Kommt vom Bier", dachte sie.
„Ja, das ist normal, das ist Rinderbrühe!", rief Onkel Willi.
„Was?"
Dieses Mal war sie es, die fragte.
„Das mit den Fettaugen! Das ist Rinderbrühe!"
Sie nickte und stand auf.
„Ich hol mir noch ein Bier aus dem Kühlschrank, ja?", schrie sie. Wenigstens wollte sie heute Nacht gut schlafen.

Sie schlief sogar etwas zu gut und hätte am nächsten Morgen fast den Wecker überhört. So schnell es ging, machte sie sich fertig und verabschiedete sich von Onkel Willi.
„Komm bald mal wieder, Kind!", schrie er.
„Schön war's mit dir!"

„Klar, Onkel“, schrie sie zurück und war sich ziemlich sicher, dass sie ihn so schnell nicht wiedersehen würde.
Mit dem Taxi fuhr sie zum Busbahnhof und bekam die Linie, die sie sich ausgesucht hatte, gerade noch so.
Gott sei Dank!
„Einmal nach Chomutov“, sagte sie zum Fahrer. Sie sprach es aus, wie man es las: „Tschomutoff“. Er lachte.
„Kannst auch einfach Komotau sagen“, meinte er. „So heißt’s im Deutschen.“
Er kassierte, und sie schob sich in den Bus hinein. Sie schmiss ihre Tasche oben in die Gepäckablage und ließ sich in den Sitz fallen.
Mann, allein die ganze Herumfahrerei kostete ordentlich Kohle! Zum Glück war ihr Vater recht großzügig gewesen, was die Fahrtkosten betraf. „Es ist die Sache wert“, dachte sie, als der Bus an einem Plakat vorbeischaukelte, das für „Deutschland sucht das Supermodel“ warb. Auf dem Plakat waren bestimmt zwanzig Mädels mit hübschen Gesichtern und tollen Figuren zu sehen, die in die Kamera lächelten.

„Zeig Deutschland, wie schön du bist“, stand darunter.
Mia lächelte auch. Das Plakat hing überall. Sie hatte die letzte Staffel gespannt verfolgt. Ihre Favoritin hatte einen absoluten Traumkörper und kein Gramm Fett zu viel.
„So ein Figürchen hätt ich auch gern“, hatte selbst Nadine gesagt, die sich nun wirklich nicht beschweren konnte!

Chomutov war knapp vierzig Minuten entfernt. Unterwegs hörte Mia Musik, so laut es ging. „Nicht nachdenken“, sagte sie sich und trommelte mit den Fingern auf der Lehne des Vordermanns. „Routine-OP. Nicht nachdenken …“
Sie starrte nach draußen. Da zog eine hübsche grüne Berglandschaft vorbei.
Den tschechischen Bahnhof erreichten sie pünktlich. Ein letztes Mal ging es mit dem Taxi weiter.
„Sprechen Sie deutsch?“, fragte sie unsicher.
„Ja klar“, sagte der Fahrer mit starkem Akzent. „Das können wir fast alle, so nah an der Grenze.“

Sie war erleichtert.
„Wo soll es denn hingehen?
„Mittal Ostrava, 118 “, sagte sie. Zum Glück lachte er nicht über ihre Aussprache.
„*Beauty Paradise*?“, fragte er stattdessen routiniert, und sie wurde rot. Sie hatte das Gefühl, dass er sie ganz genau betrachtete.
„Genau“, murmelte sie.
„Entschuldigung, aber – so eine hübsche junge Frau?“
Sie schwieg und starrte aus dem Fenster.
Er zuckte die Achseln und fuhr los.

10

Tereza Moravec war gar nicht da. Auch sonst gab es in der Klinik keine grinsenden Blondinen wie auf der Homepage. Stattdessen saß Mia, nachdem sie eine Weile gewartet hatte, einer braunhaarigen, älteren Ärztin gegenüber. Sie war alles andere als schlank, stellte Mia fest.

„Ich bin Frau Veselýova“, stellte sie sich vor. „Das heißt auf Deutsch ‚Frau Lustig‘.“

Mia lächelte nervös.

„Und Sie sind Mia Behrens?“

„Genau.“

Die Frau wirkte ganz ruhig. Das brachte auch Mias Herz dazu, langsamer zu klopfen.

„Na, dann wollen wir mal. Frau Behrens, als Erstes muss ich Sie fragen, ob Sie sicher sind, dass Sie diese Operation wollen?“

„Klar“, sagte Mia, „ganz sicher. Sonst wär ich ja nicht hier.“

Die Ärztin nickte und sah sie ruhig an.

„Frau Behrens, wie alt sind Sie?“

Mias Herz klopfte schneller. Sie war davon ausgegangen, dass die Sache mit ihrer Mail erledigt war.

„Achtzehn“, antwortete sie angespannt. „Hab ich der Frau Moravec auch geschrieben!“ Sie sagte das, als ob das ein Beweis wäre. „Wenn sie mir nicht glaubt, war alles umsonst“, dachte sie.
„Sehr gut. Dann bräuchte ich nur noch einen Altersnachweis.“ Mia erstarrte. Frau Veselýova sah sie weiterhin freundlich an. „Führerschein, Personalausweis … irgendwas.“
„Oh. Ich dachte – weil Frau Moravec nicht danach gefragt hatte – ich … das hab ich jetzt gar nicht dabei …“
„Sie fahren ohne Personalausweis nach Tschechien?“
„Ja, ich hab ihn vergessen. Ich …“
„Kein Problem. Wir rufen einfach Ihre Eltern an. Wenn die mir kurz bestätigen, dass alles in Ordnung ist, dann …“
Mia sackte in sich zusammen.
„Wie alt sind Sie denn in Wirklichkeit, Frau Behrens?“ Das kam scharf. Mia sagte nichts.
„Lassen Sie mich raten“, sagte die Ärztin. „Ich schätze, Sie sind fünfzehn Jahre alt.“
Mia deutete ein Nicken an. Sie hatte ohnehin keine Chance.

„Frau Behrens, es tut mir sehr leid, aber wir operieren keine Personen unter achtzehn.“
Mia starrte die Tischplatte an. Spiegelblank war der Tisch.
„Und das hat Gründe“, fuhr Frau Lustig fort. „Gute Gründe. Wollen Sie sie hören?“
„Nein. Kann ich gehen?“
„Ich werde sie Ihnen trotzdem erzählen.“
Mia zuckte die Achseln. „Kann ich ein Glas Wasser haben?“
„Sicher.“

Die Ärztin nickte der Sprechstundenhilfe zu, und die verschwand, um gleich darauf mit einer Flasche Wasser und zwei Gläsern wiederzukommen.
„Sie sind in einem Alter, in dem sich der Körper noch verändert. Sollte die Operation Narben hinterlassen, wachsen die mit Ihrem Körper mit. Das kann später schlimm aussehen.“
„Hm“, sagte Mia, da offenbar auf irgendein Signal von ihrer Seite gewartet wurde.
„Normalerweise gibt es keine Narben. Aber es kann passieren.“

Frau Lustig schüttete ihr und sich selbst Wasser ein.
„Dass Ihr Körper sich noch verändert, kann auch heißen, dass Sie mit achtzehn gar kein Problem mehr haben. Drei Jahre Wachstum, da kann sich einiges ändern!“
„Ich will aber …“, begehrte Mia auf, dann schwieg sie. Sie wollte *jetzt* schön sein. Aber die Ärztin würde sich sowieso nicht überzeugen lassen.
„Sie wollen sich wohlfühlen“, beendete diese ihren Satz. „Und zwar auf Dauer, oder?“
„Hm.“
„Gut. Dann hören Sie mir zu. Es gibt noch einen wichtigen Punkt. Sie sind jung, Sie verändern sich. Vielleicht denken Sie in drei Jahren ganz anders über Schönheit. Vielleicht finden Sie dann ganz andere Menschen toll, und Ihre Figur …“
„Glauben Sie, dass mir mein Fett in drei Jahren besser gefällt?“, unterbrach Mia sie. Langsam wurde sie sauer.
„Ich glaube, dass Sie in drei Jahren besser beurteilen können, ob Sie wirklich eine Operation nötig finden. Oder ob Sie sich vielleicht doch so wohlfühlen, wie Sie sind!“,

entgegnete die Ärztin. „Das ist oft reiner Gruppenzwang, der zu solchen Wünschen führt. Und in den Medien sind viel zu viele Frauen zu sehen, die scheinbar perfekt sind."

„Und das erzählt mir 'ne Ärztin, die Schönheits-Operationen macht!", rief Mia.

„Wollen Sie keine Kohle verdienen, oder was? Hier bin ich! Ich hab schon 'ne Anzahlung gemacht! Ich …"

„Ihre Anzahlung bekommen Sie natürlich zurück", erwiderte Frau Lustig.

„Und ja, ich will *Kohle verdienen*, aber nicht auf Kosten von Menschen, die sich noch gar nicht so sicher sind, was sie eigentlich wollen. Was wirklich wichtig ist. Es gibt Menschen, die sind richtig entstellt – denen helfe ich gerne. Es gibt Menschen, die sind über Jahre sehr unglücklich – da helf ich auch gern. Was Sie betrifft, finde ich, dass Sie prima aussehen!"

„Ja klar."

„Kommen Sie in drei Jahren wieder – wenn Sie dann immer noch operiert werden wollen. Auf Wiedersehen, Frau Behrens. Ach ja, und geben Sie bitte unserer Sprechstundenhilfe Ihre Kontonummer."

„Leck mich“, dachte Mia und erhob sich heftig. Und dafür war sie nach Tschechien gefahren! Und dafür hatte sie den ganzen Abend mit dem miefigen Onkel abgehangen! „Ich könnt kotzen“, sagte sie, bevor sie die Tür zuknallte. Aber das war Frau Lustig wahrscheinlich auch egal.
Sie würde schon jemanden finden, der sie operierte. Auf diese Leute hier war sie echt nicht angewiesen.

„Wie war's?“, fragte ihr Vater lauernd, als sie endlich wieder zu Hause war.
Sie konnte keine öffentlichen Verkehrsmittel mehr sehen! „Lustig“, sagte sie gereizt und stapfte an ihm vorbei.

11

„Jetzt erst recht", dachte Mia. Sie war wild entschlossen, ihren Plan in die Tat umzusetzen. Bei ihren Recherchen stieß sie auf einen Arzt ganz in ihrer Nähe.
Der war zwar viel teurer als die tschechische Klinik, aber er bot Ratenzahlung an!
3 000 Euro würde sie mindestens ausgeben müssen.
Aber sie konnte 100 Euro pro Monat abstottern. Natürlich mit Zinsen.
Jedenfalls konnte sie in Deutschland keine billigere OP finden. „Vor ein paar Wochen hätt ich echt geschluckt, bei dem Preis", schoss es ihr durch den Kopf. Aber irgendwie war ihr das Geld mittlerweile egal. Sie wollte das. Unbedingt.
Es musste einfach klappen!
Sie hatte gerechnet. Das würde sie hinbekommen. Sie würde sich einen Nebenjob suchen, statt ins Fitnessstudio zu gehen.
Da konnte sie sogar 400 Euro im Monat verdienen. So viel verdiente Lissy aus ihrer Klasse auch! Und eine erste Anzahlung konnte sie ja schon machen.

Auch die Sache mit dem Alter würde sie hinbiegen.
„Wenn es sein muss“, dachte sie, „fälsche ich die Erlaubnis von meinem Vater eben noch mal. Das hat ja schon mal geklappt, bei der Bank!“
Klar kamen immer wieder Zweifel hoch. Aber sie schob sie trotzig zur Seite. Sie wollte jetzt schön sein. Jetzt, wo Nadine sie sehen konnte. Und Dennis. Nicht mit dreißig oder wann, wenn sie eh schon so ’ne olle Schrippe war und sich kein Arsch mehr für sie interessierte.
„Ich sag nur: Freibad“, hatte Nadine gesagt, damals, als sie den Psychotest ausgefüllt hatten. Der würde sie es zeigen!

Drei Mal erreichte sie nur den Anrufbeantworter und legte wieder auf. Dann endlich hatte sie einen Mann an der Strippe.
„Praxis Doktor Hermann, guten Tag?“
Heisere Stimme. Verschluckte immer das Ende des jeweiligen Wortes.
„Mia Behrens, hallo. Ich würde mich gern operieren lassen.“

Mia gab sich dieses Mal betont selbstbewusst.
„Was genau möchten Sie denn?“
„Fettabsaugung!“
„Hm, ja.“ Sie hörte ein Rascheln.
„Wie sieht es denn bei Ihnen mit Terminen aus, Frau Behrens?“
„Ich habe die nächsten fünf Wochen eigentlich immer Zeit“, sagte Mia und hätte sich dann am liebsten wieder die Zunge abgebissen. Das klang doch wieder sehr nach Sommerferien!
„Hmhm.“ Der Mensch am anderen Ende schnäuzte sich geräuschvoll. Dann näherte sich sein Mund wieder der Sprechmuschel.
„Ende dieser Woche, Frau Behrens?“, fragte er rauh.
„Oh – so schnell?“
„Würden Sie lieber ein Jahr warten?“
Das klang unfreundlich.
„Nein, natürlich nicht, ich …“, stotterte Mia.
„Da wäre dann das Vorgespräch, oder wie?“
„Genau, und dann legen wir direkt los. Wird nicht lange dauern. Ein, zwei Stündchen.“
Jetzt kam ein fürchterlicher Hustenanfall.
Mia schwieg irritiert.

„Preisspanne haben Sie gesehen? Geht los bei zwei fünf. Sie müssen hier ja nicht übernachten. Das ist ’ne große Ersparnis. Kriegen wir alles schön günstig hin, junge Frau.“
„Ich würd gern in Raten zahlen“, sagte Mia.
„Sicher, sicher. Ich schlage vor, wir sehen uns am Freitag um zehn. Eins noch: Sie fahren mit dem Taxi nach Hause. Sie fahren nicht selbst. Klar?“
Noch einmal wilder Husten.
„Klar“, sagte Mia und legte auf.
So einfach war das plötzlich?
Sie hatte gar nicht lange Zeit, sich Gedanken zu machen.

Am Freitagmorgen war ihr schlecht. Sie duschte und lief nackt zum Spiegel im Schlafzimmer ihres Vaters. Eine Weile starrte sie sich an.
„So werde ich nie wieder aussehen“, dachte sie.
War sie wirklich so fett?
„Was hast du eigentlich?“, jagte es ihr durch den Kopf. „Schiss“, antwortete sie sich dann selbst. Alles klar, jetzt am Morgen vor der

OP fand sie sich plötzlich wunderschön …
Als sie ihre Hose zuknöpfte, zitterten ihre Hände.

Mit dem Fahrrad fuhr sie zu der Praxis.
Sie war keine Viertelstunde unterwegs – irgendwie ging alles viel zu schnell.
In der Tasche hatte sie ein gefälschtes Schreiben ihres Vaters, in dem er die Operation genehmigen würde.
Die heisere Männerstimme meldete sich an der Gegensprechanlage. Und ihr Besitzer war es auch, der sie oben in Empfang nahm: ein hagerer, sichtlich erkälteter Mensch mit Dreitagebart und weißem Kittel.
„Ich bin Dr. Hermann", sagte er und schüttelte ihre Hand. Sie musste daran denken, dass er sicher kürzlich noch ein benutztes Taschentuch in seiner Hand zerknüllt hatte.
„Guten Tag, Frau Behrens."
Sie war irritiert. Hinter der Empfangstheke saß niemand, das Wartezimmer war leer.
„Die Sprechstundenhilfe ist krank", erklärte der Arzt. „Alle erkältet hier!"
Mia nickte.

„Kommen Sie, kommen Sie! Keine Angst!“
Während er sie ins Sprechzimmer führte, sagte er über die Schulter: „Erst mal eine kleine Besprechung, was wir bei Ihnen so machen wollen. Um drei die OP. Sie haben Glück. Alle erkältet, die Patienten …“
Er kicherte. Irgendwie war ihr immer noch ziemlich schlecht.
Er wies auf einen gepolsterten Holzstuhl und setzte sich ihr gegenüber an seinen Schreibtisch. Der sah ziemlich chaotisch aus.
„So, Frau Behrens. Das Wichtigste zuerst.“
Wieder dieses Kichern.
„Aber das Finanzielle muss ja schließlich geklärt werden. Was arbeiten Sie denn?“
Sie erstarrte. Sie hatte jetzt wirklich mit der Frage nach ihrem Alter gerechnet!
„Warum?“, rutschte es aus ihr heraus.
„Na“, sagte er, „wir wollen das Ganze ja mit Raten finanzieren, nicht, da müssen wir ja auf Nummer sicher gehen …“
Einen Moment brachte sie kein Wort heraus.
Sie suchte fieberhaft nach der richtigen Antwort. Als ihr endlich ihre Nachbarin einfiel, wurde sie rot vor Erleichterung.
Frau Tretter war Bäckerin und hatte sie

tatsächlich schon mehrfach gefragt, ob sie einen Nebenjob haben wollte! Sie kannten sich ganz gut, und eigentlich konnte sie sie wirklich fragen …
„Beim Bäcker“, erwiderte sie also.
„Ich arbeite beim Bäcker.“
„Schön, schön. Die Bank braucht Sicherheiten, das ist alles. Geht ja auch um ’nen netten Betrag hier für so ’ne junge Frau wie Sie, nicht?!“
Sie starrte ihn irritiert an. „Bank?“
„Ja, ja, wir arbeiten da mit ’ner Bank zusammen. Die strecken Ihnen quasi Ihr Geld vor. Alles für die Schönheit. Die wollen ja auch, dass Sie sich wohl fühlen.“
Dieses Mal ging sein Kichern in einen Hustenanfall über. Mia lachte nicht.
„Nu gucken Sie doch nicht so, Kindchen“, lachte der Arzt. „Sie kopieren der Bank Ihren Arbeitsvertrag, und dann kriegen Sie den Kredit, so einfach ist das!“
Kredit. Das Wort Ratenzahlung gefiel Mia erheblich besser.
„Oh“, stotterte sie, „hören Sie, das könnte bis Montag dauern, bis ich …“
„Dann eben Montag!“

Er zuckte die Achseln. „Hier ist nicht grad die Hölle los, das seh'n Sie ja!"
„Hm."
„Dann woll'n wir mal, Kindchen", riss er sie aus ihren Gedanken. „Wo darf's denn sein, die Fettabsaugung? – Steh'n Sie mal auf!"
Mia erhob sich wie in Trance.
„Überall so 'n bisschen, was?", hustete der Arzt. „Ja, ja, nein, nein. Kein Problem. Das kriegen wir hin."
Sie starrte ihn an.
„Kurz zum Ablauf", sagte er.
Was jetzt kam, kannte sie aus dem Anhang von Frau Moravec. Und aus ihrem Traum. Sie starrte regungslos auf seine großen Hände. Nein, sie wollte nicht, dass diese Hände all diese Dinge machten …
„Mein Gott", dachte sie, „du wirst schlafen, du kriegst davon doch gar nichts mit!"
„Das war's", sagte er gerade. „Taxi, heim, Kompressionsmieder. Und hin und wieder haben wir noch ein Date."
„Was ist mit Komplikationen?", fragte sie. Ihre Stimme zitterte ein bisschen.
„So gut wie keine. Ein paar Narben, wenn's ganz danebengeht …"

Er zwinkerte ihr zu.
„Ist aber noch nie passiert."
„Hm."
Er fragte sie nicht, wie alt sie war.
Er fragte sie nicht, ob sie über alle Gefahren informiert war. Er fragte sie auch nicht nach ihren Eltern.
Ehe sie sich versah, stand sie wieder vor der Praxis mit einem Wisch für die Bank in der Hand. Und irgendwie hatte sie Tränen in den Augen.

„Weiter", dachte sie. „Jetzt nicht aufgeben, so kurz davor!"
Sie musste zu Frau Tretter. Mit ihr sprechen. Frau Tretter mochte sie. Mia konnte sich eine Lüge ausdenken, wofür sie das Geld brauchte, und sie würde ihr direkt einen Vertrag fertig machen. Frau Tretter hatte sie bestimmt schon fünf Mal gefragt, ob sie nicht bei ihr aushelfen wollte!
„Jetzt nicht aufgeben!"
Mia ging mit wackligen Beinen zu ihrem Fahrrad. Aber dann blieb sie plötzlich stehen.

Sie zog ihr Handy aus der Tasche und suchte fieberhaft nach einer Nummer.
„Steffi?“, brachte sie hervor. „Können wir uns treffen? Bitte!?“
Und dabei rollten Tränen über ihr Gesicht.

12

Steffi kam in ein Café in der Nähe. Am Anfang war sie ziemlich kühl, aber sie merkte schnell, wie schlecht es Mia ging.
„Steffi“, sagte Mia und drehte ihre Tasse in ihren Händen. „Hör mal, warum hast du so allergisch reagiert auf …“ Sie brach ab.
„Auf was?“
„Na, auf die Sache mit den Schönheits-OPs.“
Steffi sah sie ruhig an.
„Warum willst du das jetzt wissen?“
„Sag's mir einfach, ja?“
„Erst sagst du mir, warum du fragst.“
Mia starrte in ihren Kaffee.
„Ich hatte gerade einen Horror-Arzt-Termin“, sagte sie schließlich. „Der totale Psycho-Trip, echt!“ Steffi schaute ihr nur in die Augen.
„Hat er dir ein bisschen was über die Komplikationen erzählt?“, fragte sie spöttisch.
„Nein, gar nicht!“
Mia schluckte, dann begannen die Tränen wieder zu rollen. „Kein Wort hat er von Komplikationen gesagt! Das war es ja eben! Und er war total erkältet, und er hatte so riesige Hände, mit denen wollte er mich dann

operieren, und …“ Das kam als einziger Wortschwall aus ihr herausgesprudelt.
„Aber ich war ja in Tschechien vorher, und da haben sie mir das alles erzählt, und ich …, ich weiß nicht mehr, was ich machen soll, ich fühl mich so furchtbar, ich bin so fett … Und ihr seid alle so schlank. Nadine und die anderen, und du auch, ihr seht alle so toll aus und …“
Steffi legte die Hand auf ihren Arm.
„Ich hab dir schon gesagt, dass ich dich gut finde“, sagte sie. „Du spinnst rum, wirklich, du bist total in Ordnung so, wie du bist!“
Mia schluchzte bloß.
„Aber Nadine …“, setzte sie an.
„Im Gegensatz zu diesen oberflächlichen Zicken!“, unterbrach Steffi sie.
Sie war plötzlich richtig wütend.
„Diese blöden, oberflächlichen Zicken!
Als ob die ganze Welt aus Top-Models bestehen müsste, so eine gequirlte Scheiße!
Und dann tun sie so, als ob sie die Königinnen wären! Dabei kann die keiner leiden, alle lästern total ab über die, weil sie so hohl sind und so ultra zickig …“
„Alle lästern ab über die?“, fragte Mia

erstaunt. So etwas hatte sie noch nie über die Clique gehört. „Über die Zicken-Clique? Natürlich, was denkst denn du? Glaubst du, die anderen finden das cool, wie die sich aufbrezeln? Und wie arrogant die sind?“

Mia schwieg.

„Und vor allem, wie sie den anderen ihren Schönheitswahn aufdrücken!“, sagte Steffi. „Das ist echt das Allerletzte!“

„Was ist damals passiert zwischen euch?“, fragte Mia und sah ihr das erste Mal in die Augen.

„Das hat ’ne Menge damit zu tun, warum ich so wütend werd, wenn jemand von Schönheits-OPs redet“, sagte Steffi leise.

Mia sah sie fragend an.

„Das bleibt unter uns, was ich dir jetzt erzähle, okay?“

„Klar!“

Abwartend blickte Mia auf Steffi, die sich noch einen Milchkaffee bestellte.

„Kennst du meine Schwester, Janine? Sie war mal an unserer Schule, aber sie ist drei Jahre älter als wir.“

Mia schüttelte den Kopf. „Was ist mit ihr?“, fragte sie.
„Die war auch so drauf wie du. Am Boden zerstört. Fand sich fett und hässlich. Dabei war sie echt ’ne Süße. Nicht die Schlankeste, aber es hat voll zu ihr gepasst. Sie sah echt gut aus, eigentlich!“
„Und?“
„Ich weiß nicht, wie sie auf den Trip gekommen ist. Wahrscheinlich waren es genau solche Mädels wie Nadine, die sie drauf gebracht haben. Jedenfalls war sie plötzlich super unglücklich. Hat monatelang gearbeitet wie eine Bescheuerte, nichts mehr für die Schule gemacht, nur um sich ’ne OP zu finanzieren.“
Steffi sah aus dem Fenster, während sie erzählte.
„Sie hat von nichts anderem mehr geredet. Und dann …“
Sie brach ab.
„Dann?“, hakte Mia nach.
„Dann kam die OP, und es ging schief. Nichts wirklich Schlimmes. Ein paar kleine Beulen und Narben. Andere könnten gut damit leben. Aber nicht Janine. Sie hatte alle

Hoffnungen auf die OP gesetzt. Und dann das. Sie wurde total depressiv, so hab ich die noch nie erlebt. Hat 'ne Therapie gemacht. Ist nie wieder im Rock rausgegangen oder in kurzen Hosen."

Sie holte Luft.

„Sie hat die Schule nicht gepackt, hängt nur noch zu Hause rum, ist total depri. Und sieht mittlerweile wirklich übel aus."

„Das ist ja heftig!", rief Mia. „Und das nur wegen dieser OP?"

„Nein, Quatsch", wehrte Steffi ab.

„Die war schon immer total labil. Die hat sich von allem aus der Fassung bringen lassen. Aber das kam dann halt alles dazu. Und nachher war sie voll am Ende. Die denkt, wer nicht schön ist, ist nichts wert, weißt du? Und sie findet sich halt nicht schön. So gar nicht. – Jedenfalls hab ich danach keinen Bock mehr auf Nadine und die anderen gehabt. Und ihre scheiß Sprüche, und alles."

Mia nickte langsam.

„Okay", sagte sie. „Langsam versteh ich dich. Das ist wirklich heftig."

Steffi zuckte die Achseln. „Ist halt so. Hab versucht, ihr zu helfen – aber das ging nicht.

Keine Chance." Sie suchte Mias Blick. „Denk du wenigstens drüber nach, ja?"
„Hm", machte Mia.

Sie dachte an das, was ihr Frau Lustig erzählt hatte. Was sie so gründlich verdrängt hatte. Sie dachte an die strahlenden Blondinen im Internet und an die Wirklichkeit: Und die bestand eben auch aus Janine und Dr. Hermann. In ihrem Kopf drehte sich alles. Sie war plötzlich sehr froh, dass sie hier saß und nicht unter dem Messer lag. Hier und so wie sie war.
„Hör mal, Steffi", sagte sie. „Du bist eigentlich echt okay. Und es tut mit leid, dass ich so ätzend zu dir war in letzter Zeit. Aber eins fand ich richtig, richtig scheiße!"
„Was denn?", fragte Steffi erstaunt.
„Die Aktion mit Dennis. Dass du das ausgerechnet dem brühwarm auf die Nase gebunden hast."
„Hä?" Steffi war jetzt fassungslos.
„Na, die Sache mit der OP!", sagte Mia ungeduldig. Jetzt kapierte Steffi, und sie lachte laut auf. „Bist du bescheuert?

Keinen Ton hab ich dem gesagt! Der würde ja 'nen absoluten Affen kriegen, wenn er davon wüsste!"
Jetzt war Mia sprachlos.
„Warum das denn?", brachte sie gerade so hervor.
„Na, der findet dich ja wohl super sexy, so wie du bist!"
„Willst du mich verarschen?"
„Willst du *mich* verarschen?", fragte Steffi lachend zurück. „Das sieht doch ein Blinder mit Krückstock, dass der auf dich steht!"
Mia spürte, wie sie rot wurde.
Sie sagte eine ganze Weile lang gar nichts.
Und dann fragte sie ganz leise: „Dann wollte er einfach so mit mir ins Kino?"
„Na ja, also *einfach so* würde ich das nicht nennen."
„Vielleicht ...", Mia stotterte plötzlich.
„Vielleicht ruf ich ihn mal an."
„Das solltest du tun."
„Und ansonsten?", fragte Steffi. „Was willst du jetzt tun?"
„Was meinst du?"
„Willst du dich immer noch operieren lassen?"

Mia spielte mit einem Stück Zucker.
„Nicht jetzt“, sagte sie nach einer ganzen Weile. „Vielleicht später.“
„Und was heißt *später*?“
„Na ja, ich denk noch mal zwei, drei Jährchen darüber nach. Bis ich achtzehn bin.“ Mia grinste.
„Schön. Und bis dahin beeindruckst du die Zickenclique damit, dass du im Gegensatz zu denen innere Werte besitzt. Okay?“
„Okay!“
Jetzt lachten beide.
Sie würde Dennis anrufen. Heute Abend noch. Oder vielleicht morgen. Sobald sie den Mut aufbrachte.
Sie hätte am liebsten geschrieen vor Glück: Dennis war in sie verliebt … so, wie sie war!
Durch das Fenster konnte sie das Haus sehen, in dem Doktor Hermann sein Unwesen trieb. Ganz am Ende der Straße stand es. Und sie war plötzlich sehr froh, dass er sie nicht mit seinen großen, geldgierigen Händen anfassen würde.